Deutschbuch

Differenzierende Ausgabe

Arbeitsheft 6

Lösungen

Name: ____________________

Klasse: ____________________

Cornelsen

Arbeitstechniken

Seite 5

Klassenarbeiten vorbereiten – Schritte

1 a + b

Hilfreiche Tipps	Weniger hilfreiche Tipps
– Ich schreibe das Wichtigste zum Thema der Klassenarbeit geordnet auf. – Ich spiele die Situation einer Klassenarbeit zu Hause durch. – Ich verteile den Lernstoff auf mindestens vier Tage.	– Auf Klassenarbeiten bereite ich mich im Bus auf der Fahrt zur Schule vor. – Ich hoffe, dass ich in den Pausen zwischen meinen Sport-terminen Zeit finde zu üben. – Vor einer Klassenarbeit übe ich meist bis spätabends.

2 z. B.: 1. Am besten lerne ich, wenn *es in meiner Umgebung ruhig ist.* 2. *Gut lerne ich, …*

3 richtige Zuordnung: A 3 B 4 C 1 D 5 E 2

Seite 6

Ein Vorbereitungsplan – … vier Tage bis zum Ziel!

1 a Eine sinnvolle Reihenfolge ist: D B A C.

Sprechen – Schreiben – Zuhören

Seite 7

Freundschaftsgeschichten – Erzählanfänge fortsetzen

1 a Sebastian erzählt die Geschichte.
b Die Geschichte spielt auf einem Felsen am Ufer eines Sees.

2 a Angaben zum Ort:
Z. 1: „Gleich sind wir oben."
Z. 1–2: … den Felsen am Ufer des Sees …
Z. 3–4: Vom Campingplatz unten sah der Felsen viel niedriger aus. Die Aussicht auf den See war von hier oben großartig.
Z. 4: Der Felsen bot genug Platz für uns vier …
Z. 9: „Das sind bestimmt vier Meter von hier bis zum Wasser."
Z. 13: … als ich über die Felskante direkt nach unten schaute.

Seite 8

3 a Ja, die Reizwörter wurden beachtet und tauchen auf den Notizzetteln 1, 3 und 5 auf.
b mögliche Reihenfolge: 2, 3, 1, 6, 4, 5

4 z. B.

Fabian	Ich-Erzähler (Sebastian)	Katja
Gleich werden wir Spaß haben! *Ich höre ihn schon jaulen. Er hat schon Schweiß-perlen auf der Stirn, …*	Ich will am liebsten umkehren. *Mein Mund ist ganz trocken. Mir zittern die Knie. Wenn ich auf das Wasser runter-schaue, wird mir ganz schwindelig. …*	Fabian ist total verrückt, Sebastian *auf diese Probe zu stellen. Am liebsten würde ich Fabian eine runterhauen. Warum to-ben wir nicht im Wasser, statt uns hier so aufzuregen? …*

5 a + b Präteritumformen: *glitzerte, brachen, erschrak, sah, hörte, wollte, verstand, zurief*
b Spannungsmelder: Auf einmal Plötzlich In letzter Sekunde

6 Mögliche Fortsetzung: Keanu schüttelte den Kopf und sagte:
„Ich glaube nicht, dass der sich das traut! Schaut mal, wie blass er schon ist!"
Viele Gedanken schossen mir durch den Kopf. Alle hier sind bestimmt schon gesprungen. Sie werden mich für einen Waschlappen halten. Fabian erwartet einfach, dass ich springe. Der will doch nur vor Katja angeben. Ich holte tief Luft und ging zum Rand des Felsens.
Das Wasser des klaren Bergsees glitzerte in der Sonne. Auf einmal brachen ein paar kleine Steine vom Felsenrand ab. Ich er-schrak und sah mich schon kreischend unten aufschlagen. Plötzlich hörte ich Katja aufgeregt hinter mir schreien. Sie wollte mich vor dem Sprung warnen. In letzter Sekunde verstand ich, was sie mir zurief: *„Halt, tu das nicht! Denk an die Gefahren!"*

Keanu und Katja sprangen beide auf und zogen mich vom Felsrand zurück. Wir kletterten den Felsen wieder hinunter und liefen zum Campingplatz. Fabian ließen wir alleine auf dem Felsen zurück.

Seite 9

Neue Nachbarn – Mit Reizwörtern einen Erzählanfang fortsetzen

1 a (Präteritumformen **fett**) + b + c (Spannungsmelder unterstrichen)

5 Stunden später **lachten** wir immer noch über den Moment, als ich wie ein Lampion am Apfelbaum **hing.** Unsere Eltern **feierten** mit Leckereien und lernten sich kennen. Direkt im Garten hatte ich zwei neue Freunde gefunden.

1 Ich **holte** eine Leiter aus dem Keller und **lehnte** sie an einen Baum. Im Schatten der Bäume **standen** bereits Tische und Stühle. Die Sonne **spiegelte** sich im Porzellan und in den Trinkgläsern auf den Tischen.

4 Gerade als ich die Kette an einem Ast **festband, zerbrachen** plötzlich zwei Leitersprossen. In letzter Sekunde **konnte** ich mich an einen Ast klammern. „Halte dich fest, wir helfen dir!", **rief** Gülcan aufgeregt. Dann **schnappte** sie sich die Luftmatratze, die in der Nähe **lag,** und **legte** diese unter den Apfelbaum. „Lass dich fallen, keine Sorge, du fällst weich", **versicherte** mir Gülcan.

2 Fatih **stand** oben auf der Leiter und **fragte**: „Kannst du mir die roten und gelben Lampions anreichen? Die Lichterkette hängen wir zum Schluss auf." Und bald **baumelten** bunte Laternen in den Bäumen in unserem gemeinsamen Garten.

3 „So, jetzt hängt die Lichterkette schon zwischen drei Bäumen", **sagte** Fatih stolz. „Wir verlängern sie noch bis zum Apfelbaum dort drüben", **schlug** Gülcan **vor.** Also **trug** ich die Leiter zum Apfelbaum und **stieg hoch.**

Seite 10

Freundschaftsspiel? – Mit Reizwörtern einen Erzählanfang fortsetzen

1 a + b Mögliche Reihenfolge/Zuordnung der Erzählteile:

1 = Fußball: Tim und ich ... → *Wir beide bildeten schon seit ...*
2 = Tim ständig im Alleingang ... → *Ich rannte wie ein Irrer ...*
3 = Wenn er abgeben würde, ... → *„Warum spielt er mich nicht an? ..."*
4 = Streit in der Halbzeitpause, ... → *Tim schrie zurück: ...*
5 = 2. Halbzeit: Tim ... → *Nach dem Anpfiff ...*
6 = Schließlich, kurz vor ... → *In der allerletzten Minute gelang es ...*

Seite 11

Von einem Unfall berichten – Sachlich und genau!

1 Sechs Schüler der Zirkus-AG haben während ihrer Aufführung eine Menschenpyramide gebaut. Emily aus der fünften Klasse fiel aus der dritten Pyramidenetage von ganz oben auf die Matte.
Die Vorführung fand im Nachmittagsprogramm des Herbstfestes um 15:00 Uhr auf dem Freizeitgelände statt.
Die untere Reihe konnte das Gewicht nicht halten, sodass die Menschenpyramide in sich zusammenfiel. Auch die Schüler, die Hilfestellung leisteten, konnten Emily nicht auffangen. Sie prallte mit dem Kopf auf den Boden.
Alle anderen hatten Glück und blieben unverletzt.
Auf den ersten Blick sah es wie eine harmlose Platzwunde aus. Trotzdem haben wir sie zur Beobachtung ins nächste Krankenhaus gebracht.

2 **Wo?** auf dem Freizeitgelände der Schule **Wann?** *um 15:00 Uhr im Nachmittagsprogramm*
Was? *Vorführung der Zirkus-AG, Menschenpyramide* **Wer?** *Schüler der Zirkus-AG*
Wie und warum? *Die untere Reihe der Menschenpyramide konnte das Gewicht nicht halten, Emily fiel von ganz oben auf die Matte und prallte mit dem Kopf auf den Boden.*
Welche Folgen? *zur Beobachtung ins nächste Krankenhaus gebracht*

Seite 12

3 Während des Herbstfestes der Schule am Samstag *kam es um 15:00 Uhr zu einem Unfall auf dem Freizeitgelände bei der Vorführung der Zirkus-AG.*

4 A fällt → *fiel* B baut → *baute* C findet statt → *fand statt* D können → *konnten* E bringen → *brachten*
F befragt → *befragte*

5 a Reihenfolge von oben nach unten: 3, 2, 1, 4
b z. B.: Das Herbstfest hatte gerade begonnen, **da** kam es zu einem Unfall.
Während die Zirkus-AG ihre schwierigste Nummer baute, sollte Emily auf der Spitze der Menschenpyramide stehen.
Die Menschenpyramide brach zusammen, **weil/da** die Schüler der untersten Reihe das Gewicht nicht mehr halten konnten.
Obwohl es Schüler gab, die Hilfestellung leisteten, konnten sie Emily nicht auffangen.

6 z. B.: Während des Herbstfestes der Schule am Samstag kam es um 15:00 Uhr auf dem Freizeitgelände zu einem Unfall bei der Vorführung der Zirkus-AG. Die Schüler der AG hatten eine Menschenpyramide gebaut. Weil die Schüler der unteren Reihe das Gewicht nicht halten konnten, brach die Menschenpyramide zusammen. An dem Unfall waren die Schüler der Zirkus-AG und auch Emily beteiligt, die auf der Spitze stand. Sie fiel aus der dritten Pyramidenetage auf die Matte und prallte mit dem Kopf auf den Boden. Emily verletzte sich am Kopf und wurde zur Beobachtung ins Krankenhaus gebracht.

Seite 13

In der Skatehalle – Von einem Unfall berichten

1 Reihenfolge von oben nach unten: Wer? Was? Wo? Wie und warum? Welche Folgen?

2 A 4 B 3 C 1 D 2

3 Im Krankenhaus wurde festgestellt, dass *Lukas' Arm gebrochen war.*
Lukas hat sich vorgenommen, in Zukunft *die Rampen langsamer runterzufahren.*

4 z. B.: Der Unfall passierte am Donnerstag, dem 17. September, um ca. 11:50 Uhr in der Skatehalle in Wuppertal. Lukas Meyerhoff aus der 6 c der Erich-Kästner-Gesamtschule verletzte sich beim BMX-Fahren. Er fuhr mit dem BMX-Rad mit hohem Tempo eine Rampe herunter, bremste plötzlich, um einen Sprung vorzuführen, als er die Kontrolle über das Rad verlor und auf den linken Arm fiel. Die Trainer der Skatehalle und die Lehrerin des Schülers wurden benachrichtigt und riefen den Krankenwagen. Im Krankenhaus stellte man fest, dass Lukas' Arm gebrochen war.

Seite 14

Abgestürzt – Einen Unfallbericht überarbeiten

1 a zu streichende Wörter und Sätze:
ärgerlicher Leider um die Wette und war schneller als er Sven freute sich erst, dass er gewonnen hatte, war dann aber auch erschrocken, als er sah, was Anna passiert war. Anna hat sich sehr weh getan, ihr Fuß schmerzte. Er sagte zu Anna: „Du musst den Gips noch zwei Wochen tragen, damit der Fuß ruhiggestellt ist."
b Notizen in der Randspalte könnten sein:
- Gefühle und persönliche Wertungen weglassen
- wörtliche Rede vermeiden
- Präteritum als Zeitform verwenden

2 z. B.: Am Freitag, dem 05. 05. 2012 um 09:45 Uhr ereignete sich in der großen Pause ein Unfall an der Kletterwand der Lise-Meitner-Sekundarschule. Dabei verletzte sich die Schülerin Anna Hoffmann. Sie kletterte mit einem Freund an der Wand, rutschte mit ihrem Fuß von einer Halterung der Kletterwand ab und stürzte auf den Boden. Die Schülerin wurde in den Sanitätsraum der Schule gebracht und wartete auf ihre Mutter. Diese fuhr mit Anna ins Krankenhaus, wo ein Arzt feststellte, dass Annas Fußgelenk verstaucht war.

Seite 15

Einen Gegenstand beschreiben – So sieht er aus!

2 z. B.:

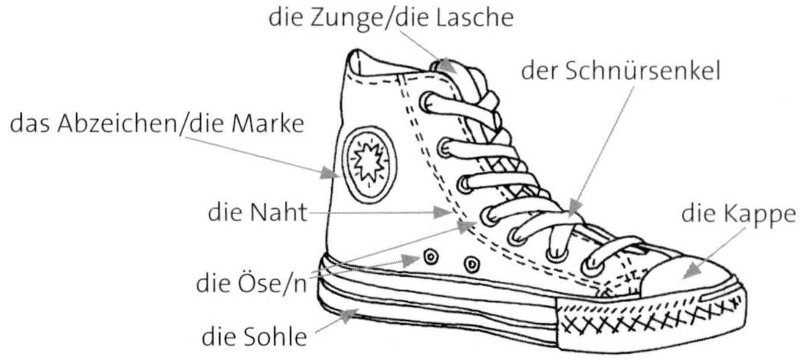

Seite 16

4 Begründung: Satz *A* ist als Beginn sinnvoll, weil *er die Art des Schuhs, die Größe, die Form und das Material beschreibt. Im Satz B werden weitere Einzelheiten beschrieben.*

5 Reihenfolge von oben nach unten: 6, 2, 7, 4, 3, 1, 5

Seite 17

Mein eigenes T-Shirt – Einen Gegenstand beschreiben

1

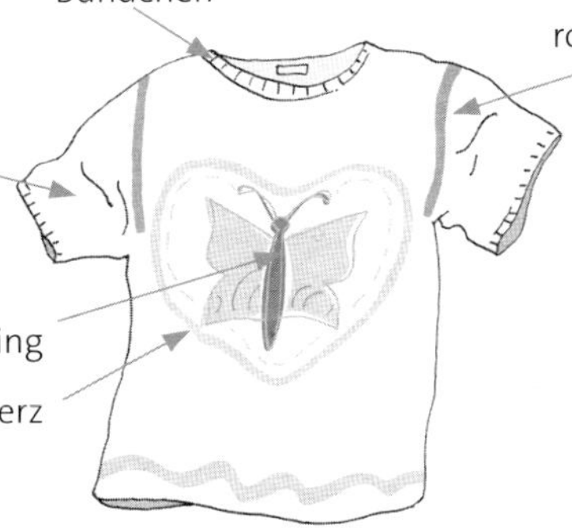

2 Liebe Isabel,
ich beschreibe dir heute mein T-Shirt, das ich selbst gestaltet habe.
Auf ein weißes Baumwoll-T-Shirt habe ich in die Mitte einen bunten Schmetterling gemalt.
Ein goldfarbenes Herz umrandet dieses Bild in der Mitte.
Die beiden kurzen Ärmel des T-Shirts habe ich jeweils mit einem roten Streifen verziert.
Und rund um das Bündchen verläuft eine grüne Wellenlinie. Schön, oder?
Deine Leyla

Seite 18

Ein Smartphone – Einen Gegenstand beschreiben

1 Falsch sind die Zuordnungen „Touchscreen" und „Marke". Sie müssen getauscht werden.

2 z. B.: Mein neues Smartphone der Marke *„Locall"* ist ca. *9 cm* groß *und schwarz. Auf der Vorderseite befindet sich der Touchscreen. Unterhalb des Touchscreens findet man in der Mitte die Menütaste. Links und rechts neben der Menütaste liegen die Anruftaste sowie die Ein- und Austaste. Oberhalb des Touchscreens und des Markennamens ist der schmale Lautsprecher zu sehen. Seitlich am Gerät sitzen die zentral platzierte Sperrtaste sowie oben die Lautstärketaste und unten die Kamera taste.*

Seite 19

Einen Vorgang beschreiben – So geht es!

1 b Material: Hut, *3 Münzen, Bleistift*

1. Ali geht aus dem Raum. Eine Assistentin markiert mit einem Bleistift eine Münze.
2. Die Assistentin hält die Münze fest umschlossen in der Hand.
3. Ali werden die Augen verbunden. Er wird zurück in den Raum geführt.
4. Die Assistentin wirft ihre Münze und zwei weitere Münzen in den Hut.
5. Ali holt mit verbundenen Augen die markierte handwarme Münze aus dem Hut und zeigt sie.

Seite 20

2 zum Schluss *zuerst* *daraufhin* *schließlich* *sodass* *um*

3 Zaubertrick mit heißer Münze

4 Für den Trick braucht man *einen Hut, drei Münzen und einen Bleistift.*
Zuerst bittet man einen Assistenten oder eine Assistentin auf die Bühne. Dann erklärt man den Zuschauern, was der Assistent machen soll, und verlässt als Zauberer das Zimmer. Der Mitspieler nimmt daraufhin eines der Geldstücke und markiert es ganz leicht mit einem Bleistift. Die ganze Zeit hält er diese gekennzeichnete Münze fest in seiner Faust, sodass sie warm wird.
Nun darf der Zauberer wieder ins Zimmer kommen. Ihm werden die Augen verbunden. Der Assistent wirft nun die Münze aus seiner Hand und zwei weitere Münzen in den Hut.
Schließlich holt der Zauberer die markierte Münze aus dem Hut. Er erkennt die Münze daran, dass sie in der Faust des Assistenten warm geworden ist, die beiden anderen Münzen sind kalt.

Seite 21

Der Bananentrick – Einen Vorgang beschreiben

1 Bild 1 = Man benötigt eine ungeöffnete Banane und eine Stecknadel.
Bild 2 = Du nimmst die Banane (mit Schale) und stichst ... Dann bewegst du die Nadel ...
Bild 3 = Achte darauf, dass das Einstichloch nicht zu groß wird. Möglicherweise ...
Bild 4 = Die so vorbereitete Banane schälst du dann vor deinen Freunden. Sie werden Augen machen.
Bild 5 = Schließlich könnt ihr gemeinsam die Banane verspeisen.

Seite 22

Die Zauberschlaufe – Einen Trick genau beschreiben

2 a Reihenfolge von oben nach unten: 2, 1, 3, 5, 4
b (verbesserte Wörter sind unterstrichen)
Dann hält ein Assistent die Schlinge straff/stramm auf den Zeigefingern in die Luft.
Der Zauberer greift mit der linken Hand an die Schnur zwischen dem Ring und der linken ...
Die rechte Hand führt dann die Schnur über den Daumen des Assistenten ... Er legt diese ...

Seite 23

Meinungen in einem Brief begründen – Ich bitte Sie ...

1 Er bittet darum, dass das Handyverbot für die Klassenfahrt aufgehoben wird.

Seite 24

2 Formal ist der Aufbau des Briefes richtig.

3 a + b **Begründung 1:** Fast alle Schüler der Klasse sind der Meinung, dass ein Handy ein sehr nützlicher Gegenstand auf der Fahrt sein kann.
Begründung 2: ..., weil wir auch in der Woche der Klassenfahrt für unsere Freunde und Familien erreichbar sein wollen.
Beispiel 1: Dann könnten wir nämlich unsere Eltern anrufen, um zu sagen, dass wir gut angekommen sind. Außerdem würden wir den Eltern Bescheid geben können, wann wir zurückkehren.
Begründung 3: ..., wenn wir verloren gehen oder unterwegs in Kleingruppen vielleicht auf Probleme stoßen.
Beispiel 2: So ist es etwa zuletzt der Parallelklasse gegangen, als eine Gruppe nach einem Einkaufsbummel den Bus verpasste.
Begründung 4: Schließlich dient uns das Handy in der Freizeit auch zur Unterhaltung.
Beispiel 32: So könnten wir beispielsweise abends ungestört mit Kopfhörern Musik hören.

4 Verknüpfungswörter: weil um wann wenn da

5 Mit dem Handy können wir Fotos machen, **um** schöne Bilder *als Erinnerung für unser Klassenalbum zu machen.*
Besonders nützlich sind *die Funktionen des Handys wie z.B. der Wecker und die Uhr,* **sodass** *wir stets pünktlich sein können.*
Im Ernstfall können wir schnell *auf alle gespeicherten Adressen und Telefonnummern zugreifen,* **um** *z. B. Hilfe zu holen oder unsere Lehrer anzurufen.*

6 z. B.:
a Grund: *Das Handy hilft bei der Orientierung in unbekanntem Gebiet.*
b Beispiel: *So verfügt z. B. das Handy von ... über ein Navigationssystem.*

Seite 25

Der Spielecontainer – Einen Standpunkt schriftlich begründen

1 a + b + c (Verknüpfungswörter **fett** markiert) Liebe SV-Lehrer, liebe SV,
wir in der Klasse 6 b sind alle für einen Spielecontainer. Diese Gründe sprechen dafür: In der Mittagspause haben wir fast eine Stunde Zeit für Spiele.
Wir könnten Malkreide, Springseile oder Diabolos ausleihen, **um** *alleine oder in Gruppen damit zu spielen.*
Das gemeinsame Spielen hat viele Vorteile, **weil** *dadurch etwa Streitereien oder Langeweile vermieden werden.*
Das Leben auf dem Schulhof wäre viel bunter, **da** *unterschiedliche Aktivitäten und Spiele gemacht werden können.*
So gab es in unserer Nachbarschule z. B. ganz tolle Kreidezeichnungen auf dem Pausenhof.
Aus diesen Gründen würden wir uns freuen, **wenn** Sie *uns in der Anschaffung und Einrichtung eines Spielecontainers auf dem Schulhof helfen würden ...*

Seite 26

Eine Klasse im Freien – Einen Standpunkt schriftlich vertreten

1 Wir möchten, dass *auf dem Schulgelände ein Außenklassenzimmer aus Holz und dicken Steinen errichtet wird.*

2 a + b

Begründungen (grün)	Beispiele (blau)
– Wir sitzen den ganzen Tag drinnen. – Draußen arbeiten macht viel mehr Laune. – ... auch in den Pausen ein toller Ort zum Reden. – ... eine Verschönerung des Schulgeländes.	– Unterricht auf Holz und dicken Steinen ... – ... in der Nachbarschule findet dort vor allem der Bio-Unterricht statt.

3 z. B.: ... Besonders wünschen wir uns dieses Außenklassenzimmer, weil wir den ganzen Tag drinnen sitzen. Draußen zu arbeiten macht viel mehr Laune.
Ein Klassenzimmer an der frischen Luft wäre auch ein Beitrag, um unser Schulgelände zu verschönern. So hätten wir in den Pausen einen tollen Ort zum Reden.
Wir kennen ähnliche Außenklassenzimmer an der Nachbarschule, wo vor allem der Bio-Unterricht häufig draußen stattfindet. Das wäre auch sehr umweltbewusst, da die Schüler im Unterricht draußen auf Holz und dicken Steinen sitzen.
Aus diesen Gründen würden wir uns freuen, wenn Sie einer Anschaffung und Einrichtung eines Außenklassenzimmers zustimmen würden.

Mit freundlichen Grüßen
Klasse 6 a

Lesen – Umgang mit Texten und Medien

Seite 27

Sachtexte und Tabellen verstehen – Computerwissen

1 c Formulierung C passt am besten zum Text.

Seite 28

2 Schlüsselwörter Abschnitt 3:
Mehrheit ... alleine ... surfen   Lernprogramme nutzen   E-Mails versenden   Textdokumente erstellen
Abschnitt 4: Schneiden von Filmen, Erstellen von Webseiten, Komponieren ... weniger als 10

3 Zwischenüberschriften:

Zeilen 1–6	Mädchen und Jungen kennen sich *sehr gut mit dem Computer aus.*
Zeilen 7–11	*Sicher im Umgang mit dem Internet*
Zeilen 12–16	*Allein sicher in vielen Bereichen*
Zeilen 17–19	*Verbleibende Unsicherheiten im Umgang*

4 a richtige Aussagen: C, D, E   falsche Aussagen: A, B, F
b Die Information zum „Programmieren" steht nicht im Text.

5 Verfügen über ... / 87 von 237 nutzen ... / viele von ihnen meinen ... / einige nutzen ...
eine Mehrheit kann ... / ... der Befragten können ... / ... geben an ...
weniger als ... % der Befragten beherrschen

Seite 29

„Was kannst du alles mit dem Computer?" – Informationen vergleichen

1 In dem Sachtext geht es um die Computerkenntnisse bei Mädchen und Jungen im Alter von 10 bis 12 Jahren.

2 Abschnitt 1: Thema der Untersuchung   Abschnitt: 2: Mädchen und Jungen sind gleich gut
Abschnitt 3: Das können die Mädchen besser Abschnitt 4: Das können die Jungen besser

3 „... zum Teil sehr unterschiedlich" (Satz 1)   „... genauso viele Jungen wie ..." (Satz 2)
„... während 86 Mädchen ..., gaben dies nur ... an" (Satz 3)   „... führen die Mädchen gegenüber den Jungen ..." (Satz 3)
„Ebenfalls mehr Mädchen als Jungen ..." (Satz 3)
„... wird von Jungen besser selbstständig beherrscht als von Mädchen" (Satz 4)

Seite 30

Verabschiedungen im Chat – Ein Balkendiagramm erstellen

1 In dem Sachtext geht es um *unterschiedliche Abkürzungen, die Jugendliche bei der Verabschiedung im Internetchat nutzen.*

2 z. B.:
- Umfrage zum Thema „Verabschiedungen beim Chatten"
- Häufige Verabschiedung und deren Bedeutung
- Zusätzliche Abkürzungen

3 a + b +c

Verabschiedung	Zahlen	Balkendiagramm (in mm)
BB	**35**	**35 mm**
Tschüss/Tschüssi/Tschau	**10**	**10 mm**
ciao	**8**	**8 mm**
CU	**6**	**6 mm**
„gar nicht"	**5**	**5 mm**
zusätzliche Formeln	**ca. 25**	**25 mm**

Seite 31

Erzähltexte lesen und verstehen – Käpt'n Blaubär

1 z. B.: Die Wellenzwerge können mit einer Maschine verschiedene Wasserwellen herstellen. Man muss nur auf eine Taste drücken und schon schießt eine Welle an die Wasseroberfläche.

Seite 32

2 Nummerierung der Handlungsschritte in der richtigen Reihenfolge: 5, 8, 3, 6, 1, 4, 2, 7

3 a gelogen: B, E, F, G glaubhaft: A, C, D
b
- Schiffssegel als Fallschirm nutzen
- butterweiche Landung im Innern des Vulkans
- Maschine, die Wellen erzeugt: Kurzwellen, Dauerwellen, Langwellen ...
- Hein Blöd löst Wellensalat aus

4

Der Erzähler betont, die Wahrheit zu sagen:	„Mein eigen Fleisch und Blut bezichtigt mich der Lüge. [...] Das mir ..." (Z. 1–2)
Der Erzähler gibt vor, die Geschichte selbst erlebt zu haben:	„Da war ich doch zusammen mit Hein Blöd auf Angeltörn [...]" (Z. 8–9): „Aber grade, als wir unser verdientes Mittagessen einspachteln wollten, [...]" (Z. 14–15) „Wir haben [...] uns aus dem Staub gemacht [...]" (Z. 48–49)
Der Erzähler übertreibt:	Fische über dem Vulkan braten (vgl. Z. 10–11) Flut schmiss uns in den Vulkan (vgl. Z. 16–17) Segel des Schiffes als Fallschirm nutzen (vgl. Z. 19) Wellenzwerge produzieren Wellen (vgl. Z. 21–35) Hein Blöd löst Wellensalat aus (vgl. Z. 39–41) Vulkanausbruch schleudert Schiff zurück (vgl. Z. 45–47)
Der Erzähler reiht eine Lüge an die nächste:	z. B.: Vulkan rumpelt → Gitterstäbe brechen → Wellensalat → Schiff schießt aus dem Vulkan → Landung im Wasser

5 ... 5: Vulkan schleudert das Schiff wieder an die Wasseroberfläche → 6: Unbeschadet überstanden → 7: Segel setzen

Seite 33

Der Äquator-Kontrolleur – Eine Lügengeschichte verstehen

1 a Nummerierung der Abschnitte: 2, 1, 3
b z. B.: So repariert man Äquatorbeulen

2 Globus: Kugel, die die Erde mit ihren Kontinenten und Meeren abbildet
Äquator: Breitengrad, der die Erde in eine Nord- und eine Südhalbkugel teilt.

3 gelogen: A wahr: B

4 b Die Textstellen zeigen, dass es eine Lügengeschichte ist, weil *fortwährend Dinge und Ereignisse erzählt werden, die nicht wahr sein können.*

Seite 34

Dummfisch und Flaschengeist – Eine Lügengeschichte verstehen

1 a + b

Merkmale	Beispiele aus dem Text
Erzähler gibt vor, die Geschichte selbst erlebt zu haben:	„Ich glaube, es bedarf da einiger Erläuterungen meinerseits, bis das Essen fertig ist." (Z. 27–29) „Tja, da war ich also eines schönen Tages auf Dummfischjagd in der Südsee." (Z. 30–31)
Erzähler übertreibt und bildet Lügenketten:	Dummfischjagd in der Südsee → Megafondurchsage: „Es regnet!" → Dummfische springen aus dem Wasser in die Ladeluke → dabei auch die Flasche mit dem Flaschengeist → Flaschengeist gibt drei Wünsche frei → Blaubärs Flaschengeist kommt aber nicht raus → Geist hat in der Flasche Kabelfernsehen, ein Wasserbett, eine Miniatureisenbahn und einen eigenen Swimmingpool

Seite 35

Fabeln zu Bildern schreiben – Der aufgeblasene Frosch

1 Bild 1: „Warum bin ich nicht so groß wie der Ochse? Aber ..."
Bild 2: „Habe ich genug Luft geschluckt? Bin ...?" „Nein, du bist noch immer kleiner."
Bild 3: „Bin ich jetzt so groß? Es kann ..." „Nein, noch immer nicht!"

2 mögliche Eigenschaften: übermütig, angeberisch, prahlerisch, dumm

3 Lehre: Übermut tut selten gut!

4 z. B.: Ein dicker Frosch hockte inmitten einer Schar kleiner Frösche auf einer Wiese. Da entdeckte er *einen Ochsen*, und er dachte, *dass er gern so groß wäre wie der Ochse. Er überlegte: „Warum bin ich nicht so groß wie der Ochse?"*

5 z. B.: Der große Frosch wollte unbedingt *noch größer werden*. Er beschloss, *sich aufzublasen*. Er schluckte *so viel Luft, wie er konnte*, und fragte die kleinen Frösche, ob *er schon so groß sei wie der Ochse*. Diese verglichen ihn mit dem Ochsen und antworteten: *„Nein! Du bist noch immer kleiner."* Daraufhin *wurde der große Frosch übermütig und blies sich noch weiter auf.*

6 Schließlich schluckte er noch etwas Luft und *platzte*. Die Fabel lehrt: *Übermut tut selten gut!*

Seite 36

Die beiden Ziegen – Eine Fabel zu Bildern schreiben

1

Zutreffende Aussagen (markiert)	Falsche Aussagen (durchgestrichen)
Beide Ziegen wollen über den Fluss.	Die beiden Ziegen gehen zusammen spazieren.
Sie kämpfen miteinander, denn keine der Ziegen möchte nachgeben und die andere zuerst vorbeilassen.	Die Tiere sind besonders mutig und verhalten sich intelligent und listig.
Die Ziegen streiten sich. Sie verhalten sich stur und egoistisch.	Die Ziegen einigen sich und die ältere Ziege darf zuerst gehen
Eine der beiden meint, sie sei zuerst da gewesen. Die andere meint, sie dürfe zuerst gehen, weil sie älter sei.	Am Ende siegt die Frechheit.
	Die Fabel zeigt, dass man nicht immer gleich verzweifeln muss.

2 ... Beide wollten hinüber. Die eine sagte: *„Lass mich vorbei, ich bin zuerst da gewesen!"*
Die andere Ziege rief erbost zurück: *„Das werde ich nicht tun! Ich bin die Ältere von uns beiden und darf die Brücke zuerst überqueren!"* ...

3 Es kam zu einem heftigen *Streit*. Die beiden Ziegen rannten *auf die Brücke*. Sie begannen *zu kämpfen*. Krachend stießen sie gegeneinander, bis *sie beide in den Fluss stürzten*.

4 Lehre B: Es lohnt sich nachzugeben.

Seite 37

Die Mäuse und die Katzen – Eine Fabel zu Bildern schreiben

1

Situation	Reaktion/Folgen
– Mäuse befinden sich im Krieg gegen *die Katzen*. – Mäuse halten Rat. Sie stellen fest, dass sie immerzu gegen die Katzen verlieren. – Sie beschließen, zwei Mäuse zu Anführern zu krönen, die Hörner tragen sollen.	– Anführer-Mäuse zeigen sich stolz und prahlerisch. – Im nächsten Kampf jedoch sind die Katzen den Mäusen wieder deutlich überlegen. – Anführer-Mäuse bleiben mit ihren Hörnern am zu engen Mauseloch hängen und werden von den Katzen erwischt.

2 Übermut tut selten gut. Eitelkeit ist der Grund für manches Unglück.

3 z. B.: Die Mäuse und die Katzen
Im Krieg gegen die Katzen verloren meist die Mäuse. Also versammelten sie sich und hielten Rat. Sie überlegten: „Wir brauchen zwei Anführer, die den Katzen Furcht einjagen können!" Darum wählten sie zwei aus ihrer Mitte zu Anführern. Diese sollten sich von den übrigen Mäusen dadurch unterscheiden, dass sie auf ihren Köpfen große Hörner trugen, um die Katzen damit zu verängstigen. Die Anführer-Mäuse zeigten sich stolz und prahlerisch. Wenig später führten die Mäuse einen weiteren Kampf gegen die Katzen. Sie verloren aber auch diesen. Als sie gejagt wurden, flohen die Mäuse und schlüpften schnell in ihre Löcher. Ihre Anführer-Mäuse jedoch passten wegen der Hörner nicht hinein. So wurden sie von den Katzen gefangen und verspeist. Dies lehrt: Übermut tut selten gut.

4 Die beiden Fabeln ähneln sich in der Lehre.

Seite 38

Ein Gedicht gestaltend vortragen – Das Wasser

1 b

Vers 1–2 Vers 3–4 Vers 5–6 Vers 7–8 Vers 9–10 Vers 11–12

Grammatik

Seite 39

Das kann ich schon! – Wortarten, Zeitformen, Sätze

1 a + b

A … *der Pinguin* (grün = Nominativ) … B … *des Pinguins* (blau = Genitiv) …
C … *den Pinguin* (schwarz = Akkusativ) … D … *dem Pinguin* (gelb = Dativ) …

c 4 Nomen, 1 Verb, 1 unbestimmter Artikel, 0 Adjektive, 2 Präpositionen

(je richtige Lösung 1 Punkt; höchste Punktzahl: 13 Punkte)

2 **Sie** hat eine zehn Zentimeter dicke Fettschicht.
Ein dichtes Gefieder und Schwimmhäute sind typisch für **sie**.
Zum Atmen kommen **sie** an die Wasseroberfläche.
Unter Wasser gelingt es **ihnen,** lange die Luft anzuhalten.

(je richtige Lösung1 Punkt; höchste Punktzahl: 4 Punkte)

3 Der Wal ist **größer** als ein Pinguin.
Im Vergleich zu Pinguin und Weddellrobbe ist der Wal **am größten.**

(je richtige Lösung1 Punkt; höchste Punktzahl: 2 Punkte)

4 Der Pinguin springt in das eiskalte Wasser. Tief unter den Eisschollen jagt er Fische. Einige kann er mit seinem Schnabel fangen. Mit seiner Beute klettert er wieder auf das Eis.

(je richtige Lösung1 Punkt; höchste Punktzahl: 5 Punkte)

Seite 40

5 a + c
(1) strandeten (gelb) (2) stranden (gelb) (3) versuchten (gelb); gelang (grün)
(4) half (grün); zeigte (gelb) (5) ist (grün) (6) zeigt (auch: zeigen wird) (gelb)
(je richtige Lösung 1 Punkt; höchste Punktzahl: a 8, c 8 Punkte)

b Satz (1): Prät. Satz (2): Präs. Satz (3): Prät. Satz (4): Prät. Satz (5): Präs. Satz (6): Fu.
(je richtige Lösung 1 Punkt; höchste Punktzahl: 6 Punkte)

oder / Best. der Zeit — oder / Best. des Ortes

6 a + b z. B.: Ein Delfin rettete gestern zwei Walen in Neuseeland das Leben.
Subjekt (Ein Delfin) – Prädikat (rettete) – Best. der Zeit (gestern) oder Dativobjekt (zwei Walen) – Best. des Ortes (in Neuseeland) oder Akkusativobjekt (das Leben)
(je richtige Lösung 1 Punkt; höchste Punktzahl: a 1, b 4 Punkte)

7 a A Viele halten Delfine für Fische, *weil* sie im Wasser leben.
B Delfine sind besonders intelligent *und* lernen sehr schnell.
b Satz A wurde durch die Verknüpfung zu *einem Satzgefüge*.
Satz B wurde durch die Verknüpfung zu *einer Satzreihe*.
(je richtige Lösung 1 Punkt; höchste Punktzahl: a 2, b 2 Punkte)

Seite 41

Wortarten – Auf Entdeckungsreise

1 a Der Marienkäfer
b das Insekt, *das Tier, der Täter, das Raubtier, ein Glücksbringer*
c – Maskulinum (gelb): der/ein Python, der/ein Marienkäfer, der/ein Berglöwe, der/ein Skorpion, der/ein Eisbär, der/ein Glücksbringer
– Femininum (blau): die/eine Schneeeule, die/eine Vogelspinne, die/eine Riesenkrake
– Neutrum: das/ein Spitzkrokodil, das/ein Insekt, das/ein Raubtier

2 A ein Krokodil B Schlangen C zwei Delfine D gefräßiger Esel (unverändert)

Seite 42

3 a (~~dem Krokodil~~, das Krokodil, ~~des Krokodils~~) (~~dem Krokodil~~, ~~das Krokodil~~, des Krokodils) (~~dem Krokodil~~, das Krokodil, ~~des Krokodils~~) (dem Krokodil, ~~das Krokodil~~, ~~des Krokodils~~)
b Wer/was ist keine ...? = Nominativ *Wessen Bild schmückt ...? = Genitiv*
Wen/was findet man in ...? = Akkusativ *Wem wollten die Tierliebhaber ...? = Dativ*

Seite 43

Adjektive verwenden

1 Gewicht: schwer, wuchtig, *massig* Größe: *klein, zierlich, groß, hoch, winzig, kurz*
Geschwindigkeit: *lahm, langsam, schnell* Alter: *alt, jung*

2 Der Blauwal ist mit 190 000 kg am schwersten. Mit 3 cm ist die Hummelfledermaus sehr zierlich. Das Faultier ist mit einer Geschwindigkeit von 120 m in der Stunde äußerst langsam. Der Riesenschwamm ist mit einem Alter von 10 000 Jahren sehr viel älter als ein Mensch.

Seite 44

Präpositionen verwenden

1 a Auf dem Baum sieht man *eine Raubkatze*. Hinter dem *Baum steht ein Flamingo. Unter der Wasseroberfläche versteckt sich ein Krokodil. Über das Wasser beugt sich eine Antilope.*
b Die *Raubkatze* ist auf den Baum geklettert. Der *Flamingo* ist hinter den *Baum gegangen. Das Krokodil hat sich unter der Wasseroberfläche versteckt. Die Antilope hat sich über das Wasser gebeugt.*

2 Wal vor sicherem Tod gerettet!
Wissenschaftler sucht *nach* ausgestorbenen Arten!
Weißer Hai *an/vor* Italiens Küste gesichtet!
Forscher beweisen: Affen lernen *durch* Nachahmung!
Mehr Schutz *für* seltene Tierarten!
Wilde Wölfe *in/vor* der Stadt gesichtet!
Tigermotte vertreibt Fledermäuse *durch/mit* Gebrüll!
Unbekannte Tierart: Forscher stehen *vor* einem Rätsel!

Seite 45

Gefiederte Flaschenöffner – Nomen, Adjektive, Präpositionen

1 a Vor hundert Jahren stellte jeder *Lieferant* in Großbritannien die ... vor die *Tür*. Meisen und Rotkehlchen konnten ... von der *Milch* schlürfen ... ein leckeres *Frühstück* sichern ... als die Flaschen mit einem *Deckel* versehen wurden ... Meisen den *Trick*. Zwar kam mit der *Zeit* auch ... Es gelang ihnen aber nicht, ihr neues *Wissen* an ihre Artgenossen weiterzugeben.

b

Dinge	Lebewesen/Personen	Gedanken und Ideen
die/eine Tür die/eine Milch das/ein Frühstück der/ein Deckel	der/ein Lieferant	der/ein Trick die Zeit das Wissen

2 Meisen frühstücken einfallsreicher als Rotkehlchen.
Meisen lernen schneller als Rotkehlchen.

3 A Vogelforscher (~~seit~~, *in*, ~~neben~~, ~~mit~~) ...
B Meisen sind (~~von~~, ~~unter~~, *bei*, ~~aus~~) ...
C Gelerntes Wissen wird (~~aus~~, ~~neben~~, ~~nach~~, *an*) ...

Seite 46

Fremdsprachen unter Wasser – Nomen, Adjektive, Präpositionen

1 a + b (Nominativ: unterstrichen, Genitiv: *kursiv*, Dativ: **fett**, Akkusativ: geschlängelt)

Meeresriesen
Wale verständigen sich unter Wasser mit einer Sprache. Forscher, die die Wale beobachteten,
Meeresgiganten
stellten fest: Die Sprache der *Wale* kennt eine Vielfalt wie die der Menschen. Wale, die sich
Artgenossen
vor der Küste Kanadas anderen **Walen** mitteilen, verständigen sich anders als ...

2 a + b z. B.: Wale verständigen sich unter Wasser mit einer intelligenten Sprache. Aufmerksame Forscher, die *die riesigen Meeresriesen beobachteten, stellten fest: Die Sprache der Meeresgiganten kennt eine so außerordentliche Vielfalt wie die der Menschen. Wale, die sich vor der Küste Kanadas anderen Artgenossen mitteilen, verständigen sich anders als ...*

3 z. B.: *Im* April 2012 entdeckten Tierschützer *vor* einer Forschungsstation *im* Nordpazifik zwei Schwertwale *an* der Wasseroberfläche.

Seite 47

Personalpronomen und Possessivpronomen verwenden

1 a A Es war 1881 gesunken.
B Ihm fiel etwas Ungewöhnliches ein.
C Ihn wollte der Abenteurer unbedingt erreichen.
b A Das Schiff „Jeanette" war 1881 gesunken.
B Dem Norweger Fridtjof Nansen fiel ...
C Den Nordpol wollte der Abenteurer unbedingt erreichen.

2 a + b Kritiker hielten ihn für verrückt. → Fridtjof Nansen
Er konnte nicht vom Eis zerdrückt werden. → Dreimaster
Sie trieben drei Jahre durchs Eis und am Pol vorbei. → Nansen und sein Team

3 A Es war *seine* Idee. B Es war *sein* Team.

Seite 48

Demonstrativpronomen verwenden

1 a Sehr unterschiedlich sind europäische Forscher und Ureinwohner in der Geschichte mit den Herausforderungen dieser Regionen umgegangen. A
Heute hat der technische Fortschritt auch die Arktis und die Antarktis erreicht. C
b Die Polarregionen sind bekannt für eine mörderische See, ein unberechenbares Klima und ein unwirtliches Gelände. **Dies** hat dazu geführt, dass ...
Sehr unterschiedlich sind europäische Forscher und Ureinwohner in der Geschichte mit den Herausforderungen dieser Regionen umgegangen.
Während diese Überlebensstrategien entwickelten, kamen jene häufig an ihre Grenzen.

Heute hat der technische Fortschritt auch die Arktis und die Antarktis erreicht.

Dieser ermöglicht ein bequemeres Leben.

Seite 49

Verben verwenden

1 z. B.: Ein Polarforscher *wandert* übers ewige Eis.
Er *denkt darüber nach, wie er wieder nach Hause kommt.*
In der Ferne *ankert* das Forscherschiff „Nordstern".
Zwei Männer *winken* auf dem Schiff.
Der Polarforscher *winkt zurück.*

2 Ich **sehe** einen Eisbären auf einer Eisscholle. Du ***siehst*** eine Robbe im Wasser.
Einer aus dem Team ***sieht*** einen Eisberg. Wir ***sehen*** ein Schiff am Horizont.
Ihr ***seht*** aus dem Fenster. Die beiden Mitreisenden ***sehen*** uns an Deck.

Seite 50

3 z. B.:

Küche/Kombüse:	kochen, schneiden, vorbereiten, würzen, *backen* ...
Brücke/Kommandostation:	steuern, anweisen, entscheiden, funken, *kommandieren* ...
Schwimmbad:	schwimmen, tauchen, kraulen, plantschen, *trainieren* ...
Labor:	testen, aufschreiben, beobachten, prüfen, verstehen, *notieren* ...
Maschinenraum:	reparieren, schrauben, auswechseln, *kurbeln* ...

4 A In der Küche *kochen* die beiden Köche leckeres Essen.
B Der Ingenieur *repariert* im Maschinenraum eine kaputte Leitung.
C Auf der Brücke *steuert* der Kapitän das Schiff.
D Im Labor *bereiten* zwei Wissenschaftler einen Versuch *vor*.
E Eine Forschergruppe *schwimmt* im Schwimmbad.

Seite 51

Teste dich! Wortarten

1 a + b (Personalpronomen: unterstrichen, Demonstrativpronomen: *kursiv*, Possessivpronomen: **fett**)
A Sie halten sich gerne im eisigen Wasser auf.
B So gelingt es ihnen, große Fischschwärme zusammenzutreiben.
C *Dieses* hält sie sogar warm.
D Man erkennt sie am langen Horn.
E Über **seine** Funktion wird gerätselt.
F *Dies* gelingt ihnen mit viel Kraft.

(je richtige Lösung 1 Punkt; höchste Punktzahl: a 6, b 8 Punkte)

2 Der Walhai ist also ***am schwersten.***
Am leichtesten ist der Europäische Wels.
Die Riesenbarbe ist ***schwerer als*** der Europäische Wels.
Der Walhai ist nicht nur ***am schwersten,*** sondern auch ***am größten.***

(je richtige Lösung 1 Punkt; höchste Punktzahl: 5 Punkte)

3 a + b Wir interessieren uns ~~an~~ *für* die Tiere der Arktis und der Antarktis. ~~Auf~~ *In* der Bibliothek fragen wir ~~unter~~ *nach* passenden Büchern. Wir freuen uns ~~neben~~ *über/auf* ein paar gemütliche Lesestunden. Clara und Celina sprechen ~~aus~~ *mit* Ben *über* ~~neben~~ Eisbären. Marek und Robin antworten ~~gegen~~ *auf* eine Frage *von* ~~aus~~ Hannah. Zum Schluss *fahren* wir ~~aus~~ *mit* dem Bus zu *nach* Hause.

(je richtige Lösung 1 Punkt; höchste Punktzahl: 15 Punkte)

Seite 52

Das Tempus des Verbs – Ferne Welten

Das Präsens verwenden

1 a + b + c z. B.: Die Raumstation schweb**t** im All. Ein Astronaut reparier**t** die Außenwand. Die Sterne leucht**en**. Ein Astronaut schreib**t** etwas auf. Zwei Astronauten ess**en**. Ein Astronaut schläf**t**. Ein Astronaut sprich**t** mit einem anderen.

Seite 53

Zukünftiges ausdrücken

1 a + b baut – bauen fliegen – fliegen besucht – besuchen hilft – helfen
spricht – sprechen ist – sein entdeckt – entdecken bietet – bieten
c Ein deutscher Bauunternehmer wird ein Hotel auf dem Mond bauen.
Schulklassen werden zum Mars fliegen.
Außerirdischer wird Berlin besuchen.
Marsmenschen werden bei der Energieversorgung helfen.
Der Verkehrsminister wird sich für den Raketenführerschein aussprechen.
„Raketentechnik" wird neues Schulfach sein.
Zwölfjährige wird neuen Planeten entdecken.
Unternehmen werden Reisen ins All anbieten.

2 z. B.: Vermutlich werde ich *eine wichtige Erfindung machen*.

Seite 54

Das Perfekt verwenden

1 a + b
Aylin: „Im Unterricht haben wir nach dem Ursprung des Weltalls *gefragt*."
Tobias: „Danach haben wir uns eine richtige Forschungsfrage *gestellt*."
Sinan: „Wir haben uns dann beim Wettbewerb ‚Abenteuer Weltall' *angemeldet*."
Marcel: „Ich habe die Zusage zuerst im Briefkasten *gefunden*."
Sinan: „In der Sternwarte haben wir viele interessante Menschen *getroffen*."
Aylin: „Wissenschaftler haben uns bei unseren Nachforschungen *geholfen*."

2 z. B.: ... Danach habe ich mit Tobias ein Experiment geplant. Um 10:00 Uhr habe ich mit Frau Carls über unser Experiment geredet. Eine halbe Stunde vor 12:00 Uhr sind wir endlich zum Teleskop gegangen. Dort haben wir Fotos vom Nachthimmel gemacht. Um 13:00 Uhr haben wir zu Mittag gegessen. Ab 14:00 Uhr sind wir in der Sternwarte frei herumgestreift. Ich habe sehr viel gelernt.

Seite 55

Abenteuer Forschung (Teil 1) – Das Perfekt verwenden

1 „Herr Piccard, als was *haben* Sie eigentlich in den letzten Jahren *gearbeitet?*"
„Ich *bin* z. B. Forscher, Pilot oder Buchautor *gewesen*."
„Ihr Großvater *ist* als erster Mensch mit einem Ballon in die Stratosphäre *gereist*. Ihr Vater *hat* einen Tiefenrekord mit einem U-Boot *aufgestellt*. Wie *sind* Sie *aufgewachsen?*"
„Ich *habe* immer starke Vorbilder *gehabt*. Mein Großvater und mein Vater *haben* für mich immer etwas ganz Normales *gemacht*. Aber eigentlich *sind* das ja ganz unmögliche Sachen *gewesen*! Sie *haben* mir *bewiesen*: Sie *haben* ihre Träume *verwirklicht!*"

2 a + b Bertrand Piccard hat als Pilot gearbeitet.
Sein Vater und sein Großvater sind für ihn Vorbilder gewesen.

Seite 56

Abenteuer Forschung (Teil 2) – Das Perfekt verwenden

1 a + b z. B.: Bertrand Piccard hat als Pilot gearbeitet. Sein Vater und sein Großvater sind für ihn Vorbilder gewesen.
Sein Vater hat einen Tiefenrekord mit einem U-Boot aufgestellt.

2 a Einen Teil meiner Kindheit verbrachte ich in Florida/USA. Damals konstruierte ... Ich verbrachte eine ... und traf ... Charles Lindbergh. Er flog ... Eines Tages bekam ich ... an der Ostküste starteten ... Ich sah sie alle! Und 1969 landete ...
b Einen Teil meiner Kindheit habe ich in Florida/USA verbracht. Damals hat mein Vater ... konstruiert. Ich habe eine ... verbracht, und ich habe alle ... getroffen, z. B. Charles Lindbergh. Er ist ... geflogen. ... Eines Tages habe ich ... bekommen. ... an der Ostküste sind ... gestartet. Ich habe sie alle gesehen! Und 1969 ist ... gelandet.

3 z. B.: Haben Sie jemals Angst gehabt?

Seite 57

Das Präteritum verwenden

1 a + b Der Schweizer Meeresforscher Jacques Piccard und sein amerikanischer Begleiter Don Walsh *stellten* gestern einen neuen Rekord *auf*. Sie *starteten* eine spektakuläre Tauchexpedition an der vermutlich tiefsten Stelle aller Ozeane, am Marianengraben zwischen Japan und Australien. Fast fünf Stunden *dauerte* ihr Ausflug in die eiskalte, stockdunkle Tiefsee. Dabei *gelangten* sie an den Grund des Pazifischen Ozeans. Riesige Wassermassen *lasteten* dabei auf der Tauchkugel. Diese *musste* insgesamt 170 000 Tonnen Gewicht aushalten. Nach etwa zwanzig Minuten auf dem Meeresgrund *tauchten* Piccard und sein Begleiter wieder *auf*. An der Oberfläche *jubelten* ihnen Menschenmassen zu. Gemeinsam *feierten* sie den großen Erfolg.

2 Bei den Verben im Zeitungsbericht handelt es sich um *schwache Verben*.

Seite 58

3 a ... gestern *war* der wichtigste Tag in meinem Leben! Endlich *wurde* unser großer Traum wahr! Fast fünf Stunden *hielten* ... *auf*. Um uns herum *war* tiefste Dunkelheit, nur ein kleines Licht *schien*. Alles, was ich *vernahm*, *war* das ... Wir *sanken* ..., und ich *bekam* ... Don *schrie* ... Überglücklich *fielen* ... Vorsichtig *stiegen* ... *auf* ... die begeisterten Gesichter *sah*, *wusste* ...
b Alle Verben im Tagebucheintrag sind *starke Verben*.

4 z. B.: Ich *schwitzte* und *fror* – beides gleichzeitig. Jacques *ging* es nicht besser. Fest *konzentrierte* er sich auf das Tauchboot. Plötzlich *riss* er die Augen *auf* ...

Seite 59

Tiefseeabenteuer (Teil 1) – Das Präteritum verwenden

1 befahl – befehlen, befand – befinden, begann – beginnen, biss – beißen, blieb – bleiben, dachte – denken, brachte – bringen, aß – essen, erschrak – erschrecken, fuhr – fahren, fiel – fallen, fing – fangen, fand – finden, flog – fliegen, floss – fließen, fror – frieren, gewann – gewinnen, hielt – halten, half – helfen, griff – greifen, hob – heben, lief – laufen, las – lesen, lag – legen, nahm – nehmen, rannte – rennen, rief – rufen, sah – sehen, schlief – schlafen, schob – schieben, sank – sinken, sprach – sprechen, trank – trinken, vergaß – vergessen, verband – verbinden, verbrachte – verbringen, war – sein, zog – ziehen

2 a + b Gestern *(befand) befanden* wir uns ... „Luchs", unser Unterwasserroboter, *(war) war* mal wieder unterwegs. Ein langes Kabel *(verband) verband* uns ... Mit Hilfe seiner Kamera *(sah) sahen* wir ...: Die Fische *(war) waren* biolumineszent, ... Ganz plötzlich *(erschrak) erschrak* ich ...

Seite 60

Tiefseeabenteuer (Teil 2) – Das Präteritum verwenden

1 Etwas Schwarzes *bewegte* sich auf die Kamera zu.
Ich *sah* beinahe fast gar nichts mehr.
Denn über unserem Kameraobjektiv *saugte* sich ein Riesenkrake *fest*.
Daraufhin *fuhr* ich die Greifarme von „Luchs" *aus*.
Damit *sollte* der Tauchroboter den Riesenkraken *abschütteln*.
Für einen kurzen Augenblick *sahen* wir vor der Kamera den Riesenkraken.
Das Tier *war* tatsächlich ein paar Meter lang.
Nach der Begegnung mit dem Riesenkraken *tauchte* „Luchs" weiter *hinab*.

2 a + b Wir *befanden* uns ... Endlich *hatten* wir Gelegenheit ... Nach kurzer Vorbereitung *sanken* wir *hinab*. Lautlos *glitt* ... *vorbei*. Der Anblick ... *verschlug* uns ... Auf einmal *verlangsamte* sich ... Er *schüttelte* den Kopf und *sah* mich an. „Was ist das?", flüsterte er ...
(Plötzlich *tauchte* vor unserem Boot ein riesiger Hai *auf*. Wir *wagten* nicht zu atmen. Langsam *schwamm* er um unser Boot *herum*. Ich *meinte* sogar, dass er durch unser Bullauge zu uns *hineinschaute* ...)

Seite 61

Teste dich! – Das Tempus

1 a A scheint B fahre C besuchen
b Die Verben in den Sätzen A bis C stehen im *Präsens*.
c Satz C sagt etwas über die Zukunft aus.
Satz A sagt etwas über einen gegenwärtigen Zustand oder eine gegenwärtige Handlung aus.
Satz B sagt etwas über Gewohnheiten oder Dauerzustände aus.
(je richtige Lösung 1 Punkt; höchste Punktzahl: a 3, b 1, c 3 Punkte)

2 „Im See *sind* wir gestern um die Wette *geschwommen!*", erzählte Jonas.
Die Klasse 6 b *schwimmt* jeden Donnerstag im Bismarckbad.
Hoffentlich *wird* unser selbst gebautes Boot morgen beim Testlauf gut *schwimmen*.
1875 *schwamm* Matthew Webb als erster Mensch ohne technische Hilfe ...
(je richtige Lösung 1 Punkt; höchste Punktzahl: 4 Punkte)

3 In der Antarktis *fingen* ... Als die Fischer die Leine *einholten, bemerkten* sie, ... etwas sehr Schweres *hing*. Unter großer Anstrengung *gelang* es ... Sie *stellten fest*, dass ... etwa 450 Kilogramm *wog*. Damit *ist* ... Er *befindet* sich heute ...
(je richtige Lösung 1 Punkt; höchste Punktzahl: 9 Punkte)

Seite 62

Satzglieder unterscheiden – Auf frischer Tat

Mit Satzgliedern umgehen

1 a + c z. B.: **Ein Unbekannter** stahl um 16:30 Uhr im ICE 2307 *einem schlafenden Fahrgast* ein Handy.
b + c z. B.: Um 16:30 Uhr stahl im ICE 2307 **ein Unbekannter** *einem schlafenden Fahrgast* ein Handy.

2 a Der Fahrgast meldete im Zug dem Angestellten sofort den Diebstahl.
1 2 3 4 5 6
b Sofort meldete der Fahrgast im Zug dem Angestellten den Diebstahl.

Seite 63

3 a z. B.: Ein klingelndes Handy überführte gestern in einem ICE einen ahnungslosen Dieb.
b z. B.: Sofort gab dieser den Diebstahl zu.
c Dieser musste den Diebstahl sofort zugeben.

4 a Der Verdächtige gab den Diebstahl zu.
b + c z. B.: *Kurze Zeit später* gab der Verdächtige *bei der Befragung zähneknirschend* den Diebstahl zu.

Seite 64

Ein einfallsreicher Künstler (Teil 1) – Satzglieder umstellen

1 a + b z. B.: In einem Museum hängte **ein Kunststudent** heimlich sein Bild zwischen berühmte Kunstwerke.
c **Ein Kunststudent** hängte heimlich in einem Museum zwischen berühmte Kunstwerke sein Bild.
d Hängte **ein Kunststudent** heimlich in einem Museum zwischen berühmte Kunstwerke sein Bild?

2 a + b + c Unerkannt X schmuggelte **ein Kunststudent** ein eigenes Kunstwerk in ein Museum.
Er X hängte das Bild an eine Säule. Darunter X befestigte **er** ein Schild mit seinem Namen.
Mitarbeiter X entdeckten das Bild noch am selben Tag. Sofort X informierten **sie** den Leiter der Ausstellung.
(Das Prädikat steht jeweils an zweiter Stelle.)

Seite 65

Ein einfallsreicher Künstler (Teil 2) – Satzglieder umstellen

1 a + b z. B.: ☐ Ein Kunststudent hängte in das Nationalmuseum sein eigenes Bild. X **Das Bild** wurde bald *von Angestellten* entdeckt. ☐ Der Ausstellungsleiter amüsierte sich über die Aktion des Studenten. ☐ Er lobte den Einfallsreichtum des jungen Mannes. ☐ Das Bild wurde trotzdem wieder abgenommen. X **Das Bild** hing danach für eine Woche im Café des Nationalmuseums. ☐ Der Student wurde zu seiner Idee befragt. X **Der Student** wollte sein Werk endlich einmal in einer großen Ausstellung unterbringen.
c ... Von Angestellten wurde das Bild bald entdeckt ... Danach hing das Bild für eine Woche im Café des Nationalmuseums ... Endlich einmal wollte der Student sein Werk in einer großen Ausstellung unterbringen ...

2 a verkaufen
b A Im Nationalmuseum verkaufen Museumsangestellte am kommenden Sonntag im Rahmen einer Versteigerung das Bild.
B Das Bild verkaufen Museumsangestellte am kommenden Sonntag im Rahmen einer Versteigerung im Nationalmuseum.
C Am kommenden Sonntag verkaufen Museumsangestellte das Bild im Rahmen einer Versteigerung im Nationalmuseum.

Seite 66

Subjekte verwenden

1 a + 2 *Mücke* schnappt Autodieb!

b Mit Hilfe eines kleinen Insekts haben *Polizisten* ... Im Inneren eines gestohlenen Autos fanden *die Polizeibeamten* ... *Sie* hatte sich ... Daher schickten *die Polizisten* diese ... Und tatsächlich entlarvte *der Bluttest* einen bekannten Verbrecher ... Allerdings streitet *der Verdächtige* die Tat ab ... *Ein Gericht* muss nun darüber entscheiden.

Seite 67

Dativobjekt und Akkusativobjekt unterscheiden

1 z. B.:
- Wen oder was verliert ein Dieb? Dieb verliert seine Beute.
- *Wen oder was vergisst der Polizist? Polizist vergisst seine Gefangenen.*
- *Wen oder was fängt der Zwölfjährige? Zwölfjähriger fängt Bandenchef.*
- *Wen oder was erkennt der Hund? Hund erkennt wahren Täter.*

2 z. B.:
- Wem überlässt *der Millionär sein Vermögen?*
  Millionär überlässt einem Waisenkind *sein Vermögen.*
- Wem schenkt der Dieb seine Schuhe? Dieb schenkt seine Schuhe *einem Polizisten.*

3
- In einer Kleinstadt in Rheinland-Pfalz stahl ein besonders frecher Fuchs *den Einwohnern die Schuhen.*
- Warum er *den Menschen die Treter* wegnahm, weiß niemand so genau.

Seite 68

Auf Spurensuche (Teil 1) – Subjekte und Objekte

1

	A	B	C
a	die/der Förster/in	die/der Kommissar/in	das Mädchen/der Junge
b z. B.:	Ein Förster findet eine Spur.	Die Kommissarin findet eine Spur.	Der Junge findet eine Spur.

2 z. B.: Der Nachbarsjunge verrät ein Geheimnis. Die Polizei findet die Juwelen.
Die Diebe brechen einen Tresor auf. Die Kommissarin klärt einen Fall auf.

3 a + b Ein großzügiger älterer Herr hat *eine Polizeistreife (Wen oder was ...?)* ... verblüfft. Der Rentner ... drückte *den Passanten (Wem ...?)*... Durch ein Schild um den Hals teilte der ältere Mann *den Fußgängern (Wem ...?)* mit, ... und aus Freude *das Geld (Wen oder was ...?)* verschenken wolle ... Ein Passant ... unterstellte *dem Rentner (Wem?) einen Betrug (Wen oder was ...?)* und rief die Polizei ...

Seite 69

Auf Spurensuche (Teil 2) – Subjekte und Objekte

1 a + b (Subjekte **fett,** Dativobjekte *kursiv,* Akkusativobjekte doppelt unterstrichen)
... Als **die Polizei** anrückte, erzählte **der Mann** *den erstaunten Beamten,* dass **er** *seinen Mitmenschen* eine Freude machen wollte ... **Die Beamten** konnten *dem großzügigen Mann* seine Geschenkidee nicht verbieten. Den passenden Schauplatz hatte **der Mann** sich jedenfalls ausgesucht: **Er** verteilte seine Münzen in der Frohsinnstraße.

2 a + b In der Frohsinnstraße verteilte er seine Münzen.
Seine Münzen verteilte er in der Frohsinnstraße.
c Verteilte er seine Münzen in der Frohsinnstraße?

3 a (Subjekte **fett,** Dativobjekte *kursiv,* Akkusativobjekte doppelt unterstrichen)
z. B.: A **Ein ~~lustiger~~ Rentner** hat sein Geld an ~~vorbeieilende~~ Passanten verschenkt.
B **Ein ~~aufmerksamer~~ Passant** hat *der Polizeiwache* die ~~lustige~~ Geschenkaktion in der Frohsinnstraße gemeldet.
C Den wahren Grund seiner Großzügigkeit hat **der ~~gut gelaunte~~ Rentner** *den ~~hinzugeeilten~~ Beamten* erklärt.

Seite 70

Adverbiale Bestimmungen verwenden

1 a Wann? gestern Nacht, 3:30 Uhr
Wo? *Villa, Schillerstraße 3*
Wie? *mit einer Leiter und einer Eisenstange*
Warum? aus Geldgier

b + c (adverbiale Bestimmung **der Zeit fett**, *des Ortes kursiv*, der Art und Weise unterstrichen, des Grundes Wellenlinie)
z. B.: **Gestern Nacht um ca. 3:30 Uhr** wurden *in der Villa* der Familie Wagner *in der Schillerstraße 3* Juwelen gestohlen. Die Einbrecher gelangten mit Hilfe einer Leiter über den Gartenzaun auf das Grundstück. Mit einer Eisenstange brachen sie die Terrassentür auf. Die Diebe stahlen vermutlich aus Geldgier.

2 a + b z. B.: Im Garten befinden sich Fußspuren. (Wo befinden ...?) = adv. Best. des Ortes
Im Gebüsch hängt ein Stück roter Stoff. (Wo hängt ...?) = adv. Best. des Ortes

Seite 71

Texte überarbeiten – Die Umstellprobe anwenden

1 a + b *(Die jeweiligen Satzglieder sind durch größere Abstände kenntlich gemacht.)*
An vielen Flughäfen werden unrechtmäßig Waren geschmuggelt.
Deshalb arbeiten Spürhunde an vielen Flughäfen. Spürhunde erschnüffeln Tabak, Sprengstoff und Drogen. In einem speziellen Training werden die Spürhunde ausgebildet. Mit ihrer guten Nase spüren sie nicht nur Schmugglerware auf. Auch Verschüttete finden sie nach einem Erdbeben mit ihrer guten Nase.

2 a + b z. B.: Fährtenhunde helfen bei der Ermittlung von Kriminalfällen. Am Tatort finden Fährtenhunde sehr kleine Beweismittel. Ein menschlicher Ermittler findet die Beweismittel nur sehr schwer. Menschlicher Geruch gibt dem Fährtenhund einen Hinweis auf den Täter. Er kann dadurch die Spur des Täters aufnehmen.

Seite 72

Texte überarbeiten – Die Ersatzprobe anwenden

1 a + b Viele Tiere werden bei der Ermittlungsarbeit eingesetzt. ~~Viele Tiere~~ **Sie** haben besonders gute Sinnesorgane. Auch Bienen können besonders gut riechen. Sie ~~riechen~~ **wittern** sogar kilometerweit entfernten Blütenduft. Forscher haben Bienen nun ausgebildet.
Die Forscher haben ~~die Bienen~~ **die Insekten** für die Sprengstoffsuche ~~ausgebildet~~ **trainiert.** In einem kleinen Behälter werden ~~die Bienen~~ **sie** zum Einsatzort befördert. In ~~dem kleinen Behälter~~ **ihm** ist eine Kamera angebracht ...

2 In Bayreuth rettete ein Spürhund einer vermissten Rentnerin das Leben. ~~Die Rentnerin~~ **Sie** verschwand gestern Nachmittag aus ihrem Seniorenheim. Die Mitarbeiter des Seniorenheims konnten ~~die Rentnerin~~ **sie/die alte Dame** nicht finden. Daraufhin riefen ~~die Mitarbeiter des Seniorenheims~~ **jene** die Polizei. Hubschrauber wurden eingesetzt, um die Frau zu finden **zu suchen**. Auch Spürhunde sollten bei der Suche nach ~~der Frau~~ **der Rentnerin** helfen. Die Spürhunde fanden ~~die alte Frau~~ **sie** dann tatsächlich nicht weit vom Seniorenheim entfernt. Ein Hund ~~fand~~ **entdeckte** die Rentnerin in einer Hecke und rettete ~~die Rentnerin~~ **sie** dadurch.

Seite 73

Teste dich! – Satzglieder

1 a + b z. B.: (1) Eine mutige Rentnerin (2) entriss (5) am Montagmorgen (3) einem Räuber (8) aus Wut über den Diebstahl (4) die gestohlene Handtasche.

(je richtige Lösung 1 Punkt; höchste Punktzahl: a 1, b 6 Punkte)

2 a + b Die Rentnerin beantwortete ~~die~~ *der* Polizei (Dativobjekt) ~~den~~ *die* Fragen (Akkusativobjekt).
~~Dem~~ *Den* Tathergang (Akkusativobjekt) schilderte sie ~~die~~ *der* Polizei (Dativobjekt).

(je richtige Lösung 1 Punkt; höchste Punktzahl: a 4, b 2 Punkte)

3 (1) In Lübeck brach ein Mann in eine Wohnung ein. (2) ~~Der Mann~~ **Er** stahl dort Kleidungsstücke und technische Geräte. (3) ~~Dem Mann~~ **Ihm** gelang danach die Flucht mit dem Taxi. (4) Allerdings erkannte der Fahrer die gestohlenen Sachen des Mannes als seine eigenen. (5) Er lieferte ~~den Mann~~ **ihn** bei der Polizei ab.

(je richtige Lösung 1 Punkt; höchste Punktzahl: 3 Punkte)

Seite 74

Satzreihe und Satzgefüge – Von Dieben und Tresoren

Satzreihen bestimmen und verwenden

1 a + b An jedem Tatort sichern Experten die Spuren. Die Spurensicherung muss dabei sehr sorgfältig arbeiten. Spuren dürfen auf keinen Fall verwischt werden. Durch die Schutzkleidung verursachen die Experten keine irreführenden Spuren.

2 A Kriminalbeamte befragen Zeugen **(,) und** die Spurensicherung stellt Fingerabdrücke sicher.
B Herr Heinz findet Fingerabdrücke an einer Türklinke **(,) und** Frau Fischer entdeckt welche an einem Wasserglas.
C Verdächtige Gegenstände werden sorgfältig verpackt **(,) und** im Labor wird alles genauer untersucht.

Seite 75

Satzgefüge bestimmen und verwenden

1 a + b (Nebensätze sind unterstrichen) Wir bekommen häufig eine Gänsehaut, *wenn* wir frieren.
Die Härchen an Armen und Beinen richten sich auf, *weil* das Gehirn dazu ein Signal gibt.
Bei den Urmenschen stellten sich die Haare auf, *damit* sie ein Wärmepolster hatten.
Heute funktioniert der Mechanismus immer noch, *obwohl* wir gar kein Fell mehr haben.
Wir bekommen oft eine Gänsehaut, *wenn* wir Angst haben.
Die Urmenschen hatten auch eine Gänsehaut, *sodass* sie auf Feinde bedrohlicher wirkten.
c Das Prädikat steht im Nebensatz immer *am Ende*.

2 Eine Gänsehaut entsteht nicht nur, wenn jemandem kalt ist oder er sich fürchtet.
Häufig haben Menschen auch eine Gänsehaut, nachdem sie etwas Schönes erlebt haben.
So bekommen wir manchmal sogar eine Gänsehaut, weil wir unser Lieblingsmusikstück hören.

Seite 76

Langfinger (Teil 1) – Satzreihen und Satzgefüge verwenden

1 a + b Ein Stethoskop gehört eigentlich in die Hände von Ärztinnen und Ärzten, X *weil* ☐ ~~*obwohl*~~ sie damit ihre Patienten abhören können. Das Instrument wird beispielsweise gebraucht, X *wenn* ☐ ~~*damit*~~ jemand einen schweren Husten hat. Stethoskope kommen aber auch in vielen Kriminalfilmen zum Einsatz, ☐ ~~*wenn*~~ X *obwohl* man sie dort nicht unbedingt vermuten würde. Dort hält ein Dieb das Instrument an den Tresor, ☐ ~~*weil*~~ X *wenn* er am Zahlenschloss dreht. Dies tut er, ☐ ~~*obwohl*~~ X *damit* er die richtige Zahlenkombination heraushören kann. Im Film klickt es dann leise, ☐ ~~*damit*~~ X *wenn* der Dieb die richtige Zahl gefunden hat. X *Obwohl* ☐ ~~*Weil*~~ viele noch immer an diesen Trick glauben, funktioniert dieser bei den heutigen Tresoren nicht mehr. Ein Stethoskop wäre vollkommen unnütz, ☐ ~~*wenn*~~ X *weil* die modernen Zahlenkombinationsschlösser keinen Laut mehr von sich geben.

2 Der Text zu Aufgabe 1 besteht *ausschließlich aus Satzgefügen*.

3 Einige bringen Stethoskope mit Ärzten in Verbindung (,) *und* andere denken eher an Einbrüche.
In Filmen nutzen Diebe das feine Instrument, *damit* sie die Zahlenkombination herausbekommen.
Heute müssen sich Diebe andere Tricks einfallen lassen, *weil/da* sich die Tresore verändert haben.

Seite 77

Langfinger (Teil 2) – Satzreihen und Satzgefüge verwenden

1 z. B.: Ein Dieb brachte seine Beute zurück, *weil* sie ihm zu schwer wurde.

2 a Ein Dieb brachte seine Beute zurück, *weil* er ein schlechtes Gewissen bekam.
Ein Dieb brachte seine Beute zurück, *obwohl* ihm die Gegenstände gut gefallen haben.
Ein Dieb brachte seine Beute zurück, *damit* die Polizei den Fall zu den Akten legt.
Ein Dieb brachte seine Beute zurück, *nachdem* ihm seine Freunde dazu geraten hatten.
b Ein Dieb brachte seine Beute zurück, *denn* er bekam ein schlechtes Gewissen.
Ein Dieb brachte seine Beute zurück, *denn* seine Freunde hatten ihm dazu geraten.

3 a + b z. B.: Nach fünf Monaten brachte ein Einbrecher seine Beute zurück, *indem* er die Beute vor die Haustür legte, *sodass* der Eigentümer die Gegenstände am nächsten Morgen fand. Der Dieb war über Silvester in das Einfamilienhaus eingebrochen, *da* er Wertgegenstände stehlen wollte. Ihn plagte nun ein schlechtes Gewissen, *denn* er war in ein fremdes Haus eingebrochen. Der Eigentümer ist noch nicht ganz zufrieden, *obwohl* der Dieb sogar einen Entschuldigungsbrief zu der Beute gelegt hatte, *denn* das zerbrochene Fenster muss noch repariert werden.

Rechtschreibung

Seite 78

Das kann ich schon! – Rechtschreibstrategien

1 Aussagen 1, 3, 4, 5, 6, 8, 9 und 11 sind richtig. Aussagen 2, 7 und 10 sind falsch.

2 a + b

Nicki, Stiller, neue, entworfen, erstes, schnelles, besser, gebaut, Schwein, eigenartige, Nasenlöcher, inneren, große, heiße, Luftblase, aufsteigen, Düse, Ende, ausgestoßen, wodurch	der Flu**g** | zeu**g** | konstrukteur, die Flu**g** | zeu**g** | modelle, das Jag**d** | flug | zeug, die Antrie**bs** | art, das Flu**g** | schwein, die Antrie**bs** | kraft	erfand – erfanden, Modell – die Modelle, wird – werden, eingesaugt – einsaugen, lässt – lassen, entsteht – entstehen

Seite 79

3

	Strategie	Hilft bei ...	Beispiel: *falsch* – richtig
	Schwingen	fehlenden und vertauschten Buchstaben im Wort	das Ber*k* | wer*g* – denn: die Ber**g**e, die Wer**k**e
	Verlängern	– Einsilbern und am Wortende – *b, d, g* und doppelten Konsonanten am Wortende	(wir) l*eu*ten – denn: (er ist) **lau**t
	Zerlegen	zusammengesetzten Wörtern	die Bu*h*staben – denn: die Bu**ch**staben
	Ableiten	Verwechslung von *e/ä* und *eu/äu*	der Ber*k* – denn: die Ber**g**e

4

	angebra**ch**t, Libe**ll**enflügel		erfan**d**, ka**nn**, reizvo**ll**, angele**g**t, Bewegun**g**
	Hu**b**schrauber, Rundbli**ck**, bewe**g**liche, Flugzeu**g**		nächstes, unregelmä**ß**igen

5 a Verlängern

Seite 80

Rechtschreibstrategien anwenden – Fehler vermeiden

Strategie Schwingen – Aus Silben Wörter basteln

1 a

Eu len	Zi tro nen	Mei sen	Fe der	Fal ter	Knö del	Spit ze	Far be	Ker ne
But ter	U fer	Hau ben	Blu men	Schwal ben	Tau cher	Nes ter	Ei er	Pflan ze
Au to	Was ser	Mo fa	Re kla me	Me lo nen	Re pa ra tur	Pla ka te	Ker ne	Kos ten

b z. B.: ... Zitronenfalterfarbe, Meisenknödelkerne, Butterblumenpflanze, Uferschwalbennester, Haubentauchereier, Autoreklameplakate, Mofareparaturkosten ...

2 Wintermantelknöpfe, Bananenschalen, Wunderkerzenfunken, Katzenkratzbäume

3 z. B.: Zitronenfalterfarbe = Farbe eines Zitronenfalters, Mofareparaturkosten = Kosten der Reparatur eines Mofas, Wintermantelknöpfe = Knöpfe für den Wintermantel

Seite 81

1 a + b z. B.: **le**ben, das **Le**der, der **De**gen, **so**gar, al**so**, der **Bo**gen, der Tur**bo**, **re**den, **wie**gen, die Vor**schau**, **schau**en, der **Schau**er

2 die Beu le, die Re de, die Wa re, die Wie ge, wie so

3 a + b + c

Hem den knöp **fe** (4)	Strick jac ken **ka pu ze** (6)	Win ter man tel **kra** gen (6)
Klei der **ha** ken (4)	**Da** men blu sen **kra** gen **grö ße** (8)	**Pu** del müt zen bom mel (6)
Gür tel schnal **le** (4)	**Ho** sen bein **wei te** (5)	**Le** der arm band (4)
Som mer **blu** sen stof **fe** (6)	Strei fen mus ter (4)	**O** ber hem den mus ter (6)

d Strickjackenkapuze, Damenblusenkragengröße

Seite 82

Strategie Verlängern – Einsilber und unklare Auslaute

1 a das Schif, das Werk
b + c der Her**d** – die Her**d**e, das Gel**d** – die Gel**d**er, der Zwer**g** – die Zwer**g**e, der Freun**d** – die Freun**d**e, das Schil**d** – die Schil**d**er, die Bur**g** – die Bur**g**en, das Hem**d** – die Hem**d**en

2 a das Prinzip, riskant, der Mantel
b + c der Vorstan**d** – die Vorstän**d**e, der Beschlu**ss** – die Beschlü**ss**e, der Anfa**ll** – die Anfä**ll**e, der Abfa**ll** – die Abfä**ll**e, der Verban**d** – die Verbän**d**e, der Bestan**d** – die Bestän**d**e, der Gepar**d** – die Gepar**d**en, der Überfa**ll** – die Überfä**ll**e, der Bezu**g** – die Bezü**g**e

3 z. B.: Die Freunde zogen die Hemden an, die sie beim Treffen des Verbandes auf der alten Burg tragen wollten.

Seite 83

1 Nomen: der Kamm, das Bild, der Held
Verben: kommt, klagt, nennt
Adjektive: still, wild, hell

2 ... weil es nur Wörter aufzählt.
... weil man darin wie in einem Wörterbuch ganz verschiedene Wörter findet.

3 a + b
Hieb – Hiebe, komm – kommen, geh – gehen, Weh – wehen
Nord – Norden, Süd – Süden, froh – froher, müd – müde, Flug – die Flüge
Ritt – die Ritte, Bitt – die Bitte, find – finden, Kind – die Kinder
Abend – die Abende, Berg – die Berge, Fried – der Frieden, Lieb – die Liebe
Leid – das Leiden, Leib – die Leiber

Seite 84

Strategie Zerlegen – Zusammengesetzte Wörter

1 a Ebereschenfrüchte, Binsenginster, Frauenmantel, Trompetenbaum, Tannenwedel, Glockenblume, Engelstrompete, Pfaffenhütchen
b + c die Königs | kerze – denn: die Könige
die Brenn | nessel – denn: brennen
die Wald | rebe – denn: die Wälder
der Essig | baum – denn: die Essige
die Berg | gold | nessel – denn: die Berge und golden
der Zwerg | holunder – denn: die Zwerge
die Taub | nessel – denn: tauber als
der Pflück | salat – denn: pflücken

2

m/mm:	der Hemmschuh – denn hem**m**en	der Kamm | molch – denn: die Kä**mm**e
l/ll:	das Roll | feld – denn: ro**ll**en	der Knall | körper – denn: kna**ll**en
t/tt:	der Rot | fuchs – denn: ro**t**er als ...	der Rott | weiler – denn: die Ro**tt**e
p/pp:	das Klapp | rad – denn: kla**pp**en	das Hup | konzert – denn: hu**p**en
n/nn:	das Brenn | glas – denn: bre**nn**en	das Spann | laken – denn: spa**nn**en
k/ck:	das Hack | fleisch – denn: ha**ck**en	das Quak | konzert – denn: qua**k**en

Seite 85

1 die Lan**d**schaft denn: die Län **d**er

die Bekann**t**heit – denn: ken **n**en

die Fei**g**heit – denn: fei **g**e

die Man**n**schaft – denn: Män **n**er

die Her**r**schaft – denn: die Her **r**en

die Gesun**d**heit – denn: ge sün **d**er als ...

die Wil**d**heit – denn: wil **d**er als ...

die Klu**g**heit – denn: klü **g**er als ...

2 *waagerecht*: tä**g**lich – denn: die Ta**g**e   le**b**haft – denn: le**b**en   verge**b**lich – denn: verge**b**en

senkrecht: bil**d**lich – denn: die Bil**d**er   han**d**lich – denn: die Hän**d**e

gel**b**lich – denn: gel**b**er als ...   überhe**b**lich – denn: überhe**b**en

tau**g**lich – denn: tau**g**en   blat**t**los – denn: die Blät**t**er   nei**d**los – denn: nei**d**en

ran**d**los – denn: die Rän**d**er   grun**d**los – denn: die Grün**d**e   erfol**g**los – denn: die Erfol**g**e

3 a + b

A verder**b**lich – denn: verder**b**en   tä**g**lich – denn: die Ta**g**e

B far**b**lich – denn: die Far**b**e   gel**b**lich – denn: gel**b**er als ...

C ran**d**los – denn: die Rän**d**er   far**b**los – denn: die Far**b**e   nei**d**los – denn: nei**d**en

D glü**ck**los – denn: glü**ck**en   erfol**g**reich – denn: die Erfol**g**e

E verge**b**lich – denn: verge**b**en

Seite 86

Strategie Ableiten – *e* und *ä* sowie *eu* und *äu* unterscheiden

1

die Zähne – denn: der Zahn	die Wege – denn: kein verwandtes Wort	gefährlich – denn: die Gefahr
täglich – denn: die Tage	das Hähnchen – denn: der Hahn	stämmig – denn: der Stamm
flächig – denn: flach	die Zecke – denn: kein verwandtes Wort	die Nähmaschine – denn: die Naht
das Säckchen – denn: der Sack	die Glätte – denn: glatt	lecker – denn: kein verwandtes Wort
das Bellen – denn: kein verwandtes Wort	wählerisch – denn: die Wahl	zänkisch – denn: der Zank

2 abwägen, die Ähre, allmählich, ärgern, der Bär, gähnen, das Geländer, der Käfer, der Lärm, der März, der Säbel

Seite 87

1

das Mäuschen – denn: die Maus	die Reue – denn: kein verwandtes Wort	häuslich – denn: das Haus
das Gebäude – denn: der Bau	der Streuwagen denn: kein verwandtes Wort	die Bauernschläue – denn: schlau
käuflich – denn: kaufen	säumen – denn: der Saum	der Neumond – denn: kein ...
das Glockenläuten – denn: laut	geräuschlos – denn: rauschen	die Träumerei – denn: der Traum
räuberisch – denn: rauben	schäumen – denn: der Schaum	das Säugetier – denn: saugen

2 1: erläutern   2: täuschen   3: räuspern   4: sträuben   5: Säule   6: Knäuel

Seite 88

Mit Strategien richtig abschreiben

2 a + b

Der Zwer**g** wohnt in einem Ber**g**	Zwer**g** | ber**gs**-Ber**g** | zwer**gs**-Zwer**g** | ber**g** | wer**k**
Der Ber**g** ist ein Zwer**g** | ber**g**	Der Ber**g** | zwer**g** im Zwer**g** | ber**g**
Der Zwer**g** ist ein Ber**g** | zwer**g**	Mit dem Zwer**g** | ber**g** | werk ist ein
Dem Ber**g** | zwer**g** im Zwer**g** | ber**g**	Zwer**g** | ber**gs**-Zwer**g** | ber**g** | wer**ks**-Ber**g** | zwer**g**
Gehört ein Zwer**g** | ber**g** | werk	Der Zwer**g** | ber**gs**-Zwer**g** | ber**g** | wer**ks**-Ber**g** | zwer**g**
Das Zwer**g** | ber**g** | werk des Ber**g** | zwer**gs**	Mit dem Zwer**g** | ber**gs**- Ber**g** | zwer**gs**-Zwer**g** | ber**g** | werk
Im Zwer**g** | ber**g** ist ein	Suchst dringen**d** eine einfache Zwergin

Seite 89

Im Wörterbuch nachschlagen

1 Auto, Banane, Delfin, Garten, Kakao, lecker, mager, Natter, Pferd, Trecker, trocken, Wecker, Yulyanna, Zitrone

2 Fach, Fachfrau, Fachleute, Fachmesse, Fachwerk, Fackel, Faden, fahren, Falke, Fantasy, faul, fein, fertig

3 Haarklammer, Hackentrick, Hackmesser, Hafenpolizei, Hagelkorn, Haifischflossen, Halbfinale, Halbjahr, Halteverbot, Handbremse

4 a +b (hier nach Duden, 24. Auflage):
Baal, Baal**b**eck, Baal**s**dienst Kaaba, Ka**b**a**l**e, Kaba**n**ossi Laa, Laa**ch**, Laa**s**

Seite 90

Teste dich!

1 A Das Kin**d** ma**g** gerne leckeren Kuchen. Es i**sst** liebend gerne Sü**ß**es.

B Der Mon**d** hat an diesem Aben**d** einen Ran**d**, der he**ll** leuchtet.

C Wenn die Nachtiga**ll** sin**g**t, ha**ll**t es weit ins Lan**d**.

D Der Rabe klaut dem jungen Vogel schne**ll** die Beute und der gu**ck**t du**mm** hinterher.

(je richtige Lösung 1 Punkt; höchste Punktzahl: 15 Punkte)

2 a +b Wein | ber**g** | schnecke – die Ber**g**e; Ber**g** | wanderun**g** – die Ber**g**e, die Wanderun**g**en

Han**d** | schuhe – die Hän**d**e Wal**d** | we**g** – die Wäl**d**er, die We**g**e Ba**ll** | spiele – die Bä**ll**e

Han**d** | bremse – die Hän**d**e

(je richtige Lösung 1 Punkt; höchste Punktzahl: a 6, b 8 Punkte)

3 a + b
A Wegen der Straßengl**ä**tte (*gl**a**tt*) waren wir t**ä**glich (*der T**a**g*) unpünktlich.

B Die Turmbl**ä**ser (*bl**a**sen*), die alln**ä**chtlich (*die N**a**cht*) die Zeit angeben, gibt es nur noch selten.

C Das Kind tr**ä**umte (*der Tr**a**um*) und k**ä**mmte (*der K**a**mm*) dabei sein pr**ä**chtiges (*die Pr**a**cht*) Haar.

D Die Vögel verjagen die **Räu**ber (*rauben*) ihrer Nester mit lautem Kr**ä**chzen (*der Krach*).
(*je richtige Lösung 1 Punkt; höchste Punktzahl: a 9, b 9 Punkte*)

4 Beagle, Boxer, Chihuahua, Collie, Dackel, Dobermann, Labrador, Mops, Pudel, Rottweiler, Spitz
(*je richtige Lösung 1 Punkt; höchste Punktzahl: 11 Punkte*)

Seite 91

Rechtschreibung verstehen – Regeln anwenden

Wie spricht man die erste Silbe?

1 a (*Die offenen Silben sind unterstrichen.*)
die Hei zung die Trep pe das Fens ter der Ka min der O fen der Gar ten

1 b + c + 2

Erste Silbe offen	Erste Silbe geschlossen
die Heizung, der Kamin, der Ofen, das Sofa, die Türen, die Räume, die Kleider, die Täler, die Züge, die Mäuse, die Gräser	die Treppe, das Fenster, der Garten, der Teppich, der Keller, die Klingel, die Hemden, die Strümpfe, die Röcke, die Knöpfe, die Ringe, die Stoffe, die Hände, die Berge, die Flüsse, die Plätze
Man spricht den Vokal *lang*.	Man spricht den Vokal *kurz*.

3 z. B.: Die Mäuse haben sich unter der Treppe direkt an der warmen Heizung ein Nest aus Gräsern, Stoffen und Knöpfen gebaut.

Seite 92

Doppelte Konsonanten – Achte auf die erste Silbe

1 a + b **erste Silbe offen:** der Pi rat, das Zei chen, das Ske lett, der Schä del, der Sü den
erste Silbe geschlossen: die Skiz ze, der Zet tel, die Flag ge
c **Regel**: Doppelte Konsonanten schreibt man nie, wenn die erste Silbe *offen* ist.

2 a + b

Erste Silbe offen	Erste Silbe geschlossen
wir bauen, wir meinen, wir freuen (uns), wir schreiben, wir träumen, wir glauben	wir passen, wir bellen, wir kommen, wir rollen, wir schaffen, wir füllen, wir nennen

3 **Ball** | spiele – denn: die Bä**l l**e
Br**ems** | spur – denn: bre**m** sen
Br**enn** | eisen – denn: bre**n n**en
Hu**p** | konzert – denn: hu **p**en

Wal**d** | gebiete – denn: die Wäl **d**er
Schwi**mm** | meister – denn: schwi**m m**en
Bran**d** | ursache – denn: die Brän **d**e
Sü**pp** | chen – denn: die Su**p p**e

Seite 93

Zwei Konsonanten – gleich oder verschieden?

1 a + b

Zwei gleiche Konsonanten	Zwei verschiedene Konsonanten
der Schli**t t**en, die Schi**f f**e, die Ri**n n**e	die Schi**l d**er, die Schu**f t**e, die Ri**n d**e
die Ka**m m**er	die Fre**m d**e

c **Regel:** Wenn die erste Silbe *geschlossen* ist, stehen an der Silbengrenze immer zwei *gleiche* oder *verschiedene* Konsonanten.

2 a + b

Zwei gleiche Konsonanten	Zwei verschiedene Konsonanten
wir bellen, wir stellen, wir schwimmen, wir fallen	wir springen, wir rutschen, wir tanzen, wir schimpfen, wir lernen

4 Es geht um ein Gewürzkraut, das einer Frau die Suppe verdirbt.
Es geht darum, dass zwei Pflanzen ihre Blätter tauschen und eine Frau sie deshalb verwechselt.

5 – doppelte Konsonanten, z. B.: Kümmel, Ritter, Lümmel, Galle, bitter, Blätter, netter, Suppe, schnuppe
– erste Silbe offen, z. B.: schlau e, tau schen, je der, gu te, die ser
– verlängern muss man: stand, wird, riet, ganz, verdarb

Seite 94

i oder *ie*? – Achte auf die erste Silbe

1 a + b + c + 2 (*Die offenen Silbe sind unterstrichen.*)

Wörter mit *ie*	**Wörter mit *i***
der Rie se, die Wie se, die Spie le, der Spie gel, die Stie le wir liegen, wir schieben, wir gießen, wir frieren, wir schließen, wir sprießen, wir zielen	die Rinder, die Winde, die Bilder, der Springer wir ringen, wir klingen, wir schimpfen, wir bringen, wir schwimmen, wir spritzen
Man schreibt *ie*, wenn die erste Silbe *offen* ist.	Man schreibt *i*, wenn die erste Silbe *geschlossen* ist.

3 z. B.: Als der Riese in den Spiegel blickt, ringt er um Fassung über sein eigenes Bild.

Seite 95

4 a Richterspruch, Wildhüter, Schildkröte, Niesanfall, Ziehharmonika, Tierschutzgesetz, Dienstausweis, Blitzableiter, Zielfernrohr, Giftstachel

b

Wörter mit *ie*	**Wörter mit *i***
Nies | anfall – denn: nie sen	Richter | spruch – denn: rich ten
Zieh | harmonika – denn: zie hen	Wild | hüter – denn: wil der
Tier | schutzgesetz – denn: die Tie re	Blitz | ableiter – denn: blit zen
Dienst | ausweis – denn: die nen	Schild | kröte – denn: die Schil de
Ziel | fernrohr – denn: zie len	Gift | stachel – denn: die Gif te

5 A Sieben junge Wildziegen spielen auf der Wiese und überziehen die Täler mit dem Klingeln ihrer Glocken.
B Vierzehn kleine Schnirkelschnecken flüchten vor den feindlichen Angriffen und verziehen sich in ihre Gehäuse.
C Der Duft von Zimtschnecken und Bienenstich lässt mir das Wasser im Mund zusammenfließen und ich beiße gierig in den Kuchen hinein.
D Vierundvierzig klitzekleine Wieselkinder fliehen zielstrebig vor den lärmenden Menschenkindern und verziehen sich in den sicheren Bau.
E Der Honig der Bienen verlockt kleine niedliche Bärenkinder zum ziemlich gemeinen Diebstahl.

Seite 96

6 **Regel:** Man schreibt nur **ie**, wenn die *erste* Silbe *offen* ist, z. B.: die Ziele.
Diese Regel gilt nur für *zweisilbige deutsche Wörter*, nicht für Fremdwörter und *Drei- und Mehrsilber.*

7 b Es handelt sich nicht um zweisilbige deutsche Wörter.

8 a Bindemaschine, Legemaschine, Waschmaschine, Druckmaschine, Schälmaschine, Biegemaschine
b z. B.: Eine Schälmaschine braucht man zum Schälen von Spargel.
Als es noch keine Waschmaschinen gab, musste alles mit der Hand gewaschen werden.

Seite 97

Wörter mit *h* – Hören oder merken

1 zieht zehn das Mahl mahlt zählt blüht sieht wählt früh zäh wohnt der Zahn weh

2 **Wörter mit *ah/äh*:** der Draht, ähnlich, allmählich, die Bahn, die Sahne
Wörter mit *eh*: lehren, die Ehre, dehnen, mehr, das Mehl
Wörter mit *oh/öh*: die Kohle, der Hohn, der Mohn, der Lohn, der Sohn
Wörter mit *uh/üh*: kühl, der Ruhm, die Uhr, die Bühne

3 a – d

1 Der Mohn blüht rot, und er blüht früh im Jahr.

2 Die Mühle hat Windflügel, die die Mühlsteine drehen, die das Korn mahlen.

3 Der Zahnarzt zieht den Zahn, weil er seit zehn Tagen schmerzt.

4 Der Fahrer des Wagens verlor die Kontrolle und fuhr in den Graben.

5 Der Züchter hält die Hühner in einem Stall, und sein Sohn holt die berühmten Frühstückseier.

6 Der Hahn kräht in der Frühe, und das lässt alle Dorfbewohner früh aufstehen.

Seite 98

s oder ß? – Summend oder zischend

1 a + b + 2 a + b

die Rose, der Hase, das Wesen	draußen, außen, grüßen
die Preise, eisig, die Gläser, die Lose	die Sträuße/die Strauße, die Maße, die Stöße, heißer

Die erste Silbe ist offen.
Den s-Laut spricht man summend.

Die erste Silbe ist offen.
Den s-Laut spricht man zischend.

3
A **das Los:** die Los | trommel, der Los | verkäufer, der Los | kauf
B **der Stoß:** stoß | empfindlich, stoß | fest, die Stoß | richtung, der Stoß | dämpfer, der Ab | stoß
C **das Glas:** die Glas | flasche, die Glas | nudel, die Glas | tür, der Glas | maler, die Glas | bläser

4 z. B.: Die Glasflasche mit dem Blumenstrauß ist stoßempfindlich.
Die Großkatze, der Strauß und der Losverkäufer gehören zum Zirkus.

Seite 99

ss oder ß? – Achte auf die erste Silbe

1 b

2

die Maße, die Flöße, reißen	die Masse, die Flosse, die Risse
die Sträuße/Strauße, die Maße, die Füße, die Stöße, weißer	die Fässer, hassen, die Flüsse

Die erste Silbe ist offen.
Den s-Laut spricht man zischend.

Die erste Silbe ist geschlossen.
Den s-Laut spricht man zischend.

3
A **das Maß:** mäß[ig], die Maß | angabe, die Maß | einheit, maß | halten

B **die Masse:** mass[ig], massen[haft], der Massen | bedarf

C **reißen:** der Reiß | wolf, die Reiß | zwecke, reiß | fest, der Reiß | verschluss

D **wissen:** wissens[wert], wiss | begierig, die Wissen[schaft]

4 z. B.: Wenn die Maßangaben nicht passen, sind die Pläne für den Reißwolf.
Die Wissenschaft gewinnt noch immer massenhaft neue Erkenntnisse über den Urknall.

Seite 100

ss oder ß in einer Wortfamilie – Achte auf die erste Silbe

Nomen	Verb im Präsens	Verb im Präteritum	Verb im Perfekt
der Schuss – denn: die Schüsse	er schießt – denn: wir schießen	er schoss – denn: wir schossen	er hat geschossen
der Fluss – denn: die Flüsse	er fließt – denn: wir fließen	er floss – denn: wir flossen	er ist geflossen
das Schloss – denn: die Schlösser	er schließt – denn: wir schließen	er schloss – denn: wir schlossen	er hat geschlossen
der Riss – denn: die Risse	er reißt – denn: wir reißen	er riss – denn: wir rissen	er hat gerissen
der Genuss – denn: die Genüsse	er genießt – denn: wir genießen	er genoss – denn: wir genossen	er hat genossen
der Biss – denn: die Bisse	er beißt – denn: wir beißen	er biss – denn: wir bissen	er hat gebissen
der Schluss – denn: die Schlüsse	er schließt – denn: wir schließen	er schloss – denn: wir schlossen	er hat geschlossen

2 a + b
A In der Hitze taucht man seine Füße am besten genussvoll ins Wasser.
B Ein Maßband nutzt man, um die Länge von Gegenständen zu messen.
C Im Chor muss es Bassstimmen geben, damit er gut klingt.
D Ein Süßschnabel ist jemand, dem es gefällt, Süßes zu essen.
E Für die Fließgeschwindigkeit des Flusses misst man, wie weit das Wasser pro Sekunde fließt.
F Das Gebiss des Raubtiers muss in Ordnung sein, damit es seine Beute reißen und beißen kann.

Seite 101

Teste dich!

1 *(Die offenen Silben sind unterstrichen.)*

der Spei se wa gen
die Teu fels kral le
An dre as

die Gü ter zü ge
der Frau en man tel
Jo han nes

die Lo ko mo ti ve
die Gloc ken blu me
Mar le ne

das Au to mo bil
die Klet ter ro se
Han ne lo re

(je richtige Lösung 1 Punkt; höchste Punktzahl: 28 Punkte)

2 B und C sind falsche Aussagen.

(je richtige Lösung 1 Punkt; höchste Punktzahl: 2 Punkte)

3 a *(Die offenen Silben sind unterstrichen.)*
Ar gen ti ni en | Bra si li en | Tri ni dad | Ni ca ra gu a
Li li a ne | Fre de ri ke | Kris ti na | E li sa beth

b Es handelt sich nicht um zweisilbige Wörter.

(je richtige Lösung 1 Punkt; höchste Punktzahl: a 12, b 1 Punkt)

4

der Besen	besser	größer
das Eis – denn: eisig, vereisen	der Fluss – denn: die Flüsse	heiß – denn: heißer
der Greis – denn: die Greise	der Guss – denn: die Güsse	süß – denn: süßer
das Gleis – denn: die Gleise	der Biss – denn: die Bisse	das Floß – denn: die Flöße
das Gras – denn: die Gräser	blass – denn: blasser	das Maß – denn: die Maße

(je richtige Lösung 1 Punkt; höchste Punktzahl: 12 Punkte)

5
die Fleiß | arbeit – fleißig
die Eis | sorten – die Eise
der Weiß | dorn – weißer

der Heiß | luftofen – heißer
der Schloss | park – die Schlösser
der Schluss | punkt – die Schlüsse

die Bass | gitarre – die Bässe
der Nuss | knacker – die Nüsse
der Glas | tisch – die Gläser

(je richtige Lösung 1 Punkt; höchste Punktzahl: 9 Punkte)

Seite 102

Groß- und Kleinschreibung – L wie Luftschiff

1 a A Agnes, Mann, Alphonse, Alabama, Aprikosen
B Berta, Mann, Bernhard, Bermudas, Bälle
b Der jeweils erste Vers enthält einen weiblichen Vornamen. Der zweite Vers führt je einen männlichen Vornamen an und der dritte einen geografischen Ort. Im jeweils letzten Vers wird ein Mitbringsel genannt. Alle diese Wörter haben jeweils den gleichen Anfangsbuchstaben.
c z. B.: N, ich heiße Nilpferd // und mein Mann heißt Nashorn. // Wir kommen aus Neuseeland // und bringen Nullen mit.

2 z. B.: P, ich heiße Paula // und mein Mann heißt Peter. // Wir kommen aus Peru // und bringen Perlen mit.

Seite 103

Nomen erkennen – Luftschiffe (Teil 1)

1 Nein, Hindenburg hieß eines der berühmtesten Luftschiffe, es wurde später gebaut.

2 + 3 *(Die Nomen sind fett hervorgehoben. Die Adjektive sind kursiv gedruckt.)*

1 Das erste **Luftschiff** wurde 1784 gebaut, als **Jean-Pierre Blanchard** einen **Ballon** mit einer *neuen* **Luftschraube** ausrüstete, die mit der **Hand** betrieben wurde.
2 Das erste *richtige* **Luftschiff** wurde 1852 von dem **Erfinder Henri Giffard** gebaut. Es wurde mit **Dampf** betrieben.
3 Ein **Luftschiff** gilt als **Schiff,** nicht als **Flugzeug,** weswegen man mit einem **Luftschiff** eigentlich auch nicht fliegt, sondern fährt.
4 Eines der *berühmtesten* **Luftschiffe** war die **Hindenburg.** Sie war so etwas wie ein *großes* **Hotel,** das fliegt. 1937 fing sie **Feuer** und explodierte.
5 Im **Weltkrieg** begleiteten **Luftschiffe** ungefähr 89 000 **Schiffsverbände** mit **Lebensmitteln** und vielen *notwendigen* **Dingen.** Keines der **Schiffe** wurde je durch **Angriffe** versenkt.
6 Die **Luftschiffe** trieben über *feindlichen* **U-Booten** dahin und bombardierten sie. Sie waren großartig, weil sie sehr langsam waren und nicht vom **Radar** entdeckt werden konnten.
7 **Luftschiffe** taugen nicht besonders zum Angriff. Sie eignen sich *besser* zur **Verteidigung.**
8 Ein **Skyship** 600 (mit dem ich gefahren bin) ist 61 **Meter** *lang* und 20,3 **Meter** *hoch*. Es hat einen **Durchmesser** von 19,2 **Metern** und ein **Volumen** von 7188 **Kubikmetern.**

4 z. B.: Flugzeug – das Flugzeug Dampf – die Dämpfe

Seite 104

Nomen erkennen – Luftschiffe (Teil 2)

1 Die dichte Bebauung in Städten macht es den Luftschiffen unmöglich, an Hochhäusern zu ankern.

2 a + b *(Die Nomen sind zusätzlich fett hervorgehoben. Die Adjektive sind kursiv gedruckt.)*

Informationen über **Luftschiffe**

Heute werden die **Luftschiffe** vor allem für die **Werbung** eingesetzt. Aber bis in die ersten Jahrzehnte des 20. **Jahrhunderts** waren die *großen* **Luftschiffe** die **Pioniere** des **Luftverkehrs.** Mit ihnen konnte man den **Atlantik** überqueren und ohne **Zwischenstopp** nach **Amerika** kommen. Zwar waren sie mit **Höchstgeschwindigkeiten** von 100 bis 150 km/h *langsam*, aber dafür konnten sie fast überall landen. Dazu brauchten sie nur einen **Ankermast** auf einem *freien* **Feld** und nicht wie die **Flugzeuge** *große* **Flughäfen.**

In den **1920er-** und **1930er-Jahren** wurden in vielen **Gebieten** und **Städten** *hohe* **Luftschiffmasten** errichtet. Es gab sogar die **Idee, Luftschiffe** an **Wolkenkratzern** anlegen zu lassen. So sollte die **Spitze** des 1931 eröffneten **Empire State Buildings** als **Ankermast** dienen und im 86. **Stockwerk** sollten die **Passagiere** abgefertigt werden. Dabei hatte man vergessen, dass die *dichte* **Bebauung** mit *hohen* **Häusern Wind** erzeugt, der es den **Luftschiffen** unmöglich machte, in dieser **Höhe** anzulegen. Man hätte **Wasser** als **Ballast** abwerfen müssen, um *besser* manövrieren zu können. Aber das wäre dann in den **Straßenschluchten** gelandet. Jedenfalls hat nie ein **Luftschiff** an einem **Wolkenkratzer** von **New York** angelegt.

c Z. 1–2: Werbung, Z. 5: Zwischenstopp, Z. 6–7: Höchstgeschwindigkeiten, Z. 11: Jahren, Z. 18: Wind

3 a August, Luftschiff, Länge, Kunststück, Geschichte, Technik, Hochmast, Boden, Wind, Ankermast, Windstoß, Heck, Luftschicht, Auftrieb, Gases, Luftschiff, Heck, Höhe, Mannschaft, Gewicht, Luftschiff, Höhe, Vorfall, Konzept, Hochmasten, Konstruktionen, Ankermasten, Autos, Schiffen, Bedarf

b z. B.: ein großes Luftschiff (Adjektivprobe), eine erfolgreiche Mannschaft (Adjektivprobe), der Hochmast (Artikelprobe), das Gas (Artikelprobe), zwei Windstöße (Zählprobe)

Seite 105

Typische Nomenendungen beachten

1

Wörter mit *-heit*	Wörter mit *-keit*	Wörter mit *-nis*
die Fremdheit, die Blindheit, die Gesundheit	die Farbigkeit, die Müdigkeit, die Fähigkeit, die Gelenkigkeit	das Ergebnis, das Erlebnis, das Bedürfnis, das Ereignis
Wörter mit *-schaft*	**Wörter mit *-tum***	**Wörter mit *-ung***
die Eigenschaft, die Gefangenschaft, die Freundschaft, die Brüderschaft	der Reichtum, das Eigentum, das Wachstum	die Achtung, die Wartung, die Beobachtung

2 a + b

Männliche Form	Weibliche Form	Ort/Tätigkeit
der Bäcker	die Bäckerin	die Bäckerei
der Schuster	die Schusterin	*die Schusterei*
der Schreiner	*die Schreinerin*	die Schreinerei
der Fischer	*die Fischerin*	*die Fischerei*
der Jäger	*die Jägerin*	die Jägerei
der Meister	*die Meisterin*	die Meisterei
der Reiter	*die Reiterin*	die Reiterei
der Flieger	*die Fliegerin*	*die Fliegerei*

Seite 106

Aus Verben und Adjektiven Nomen bilden

1 z. B.:
- nominalisierte Verben: das Wagnis, die Darstellung, die Übung, das Verzeichnis, die Leidenschaft, die Erbschaft
- nominalisierte Adjektive: die Freiheit, die Pünktlichkeit, die Dunkelheit, die Krankheit, die Tapferkeit, die Bereitschaft

2 B … Diese *Abfertigung* dauert nicht lange.
C … Das Kind ertrug seine Schmerzen mit großer *Tapferkeit*. Nach der *Behandlung* bekam es eine *Belohnung*.
D … In der *Dunkelheit* fürchte ich mich.
E …, aber der *Reichtum* allein ist nicht schön.

3 die Schönheit, die Pünktlichkeit, die Frechheit, das Erlebnis, die Vergebung, die Dunkelheit, die Dummheit, die Wildheit/die Wildnis

Seite 107

Teste dich! – Groß- oder Kleinschreibung?

1 a + b die Butter, die Bestellung, die Schnelligkeit, die Hummel, der Himmel, die Winzigkeit, die Zeitung, die Kleidung, die Vergesslichkeit

(je richtige Lösung 1 Punkt; höchste Punktzahl: a 9, b 9 Punkte)

2 die Finsternis, die Bitterkeit, die Tapferkeit, die Offenheit, die Freundlichkeit, die Geschlossenheit, die Gemeinheit, die Wildheit

(je richtige Lösung 1 Punkt; höchste Punktzahl: 8 Punkte)

3 a + b der Traum, das Fliegen, die Menschheit, zwei Luftschiffe, ein Traum, das Fliegen, der April, aufwendiger Bau, ein Zeppelin, der Juli, das Luftschiff, einige Male, klare Luft, lange Minuten, der Durchbruch, die Zeppelin-Luftschiffe, die Zeppelin-Katastrophe, defektes Luftschiff, der August, viele Stunden, außergewöhnliche Fahrtüchtigkeit, der Boden, zahlreiche Unwetter, der Graf, mehrere Millionen, die Mark, großzügige Spenden, die Luftschiffidee

Ich teste meinen Lernstand

Test A – Sachtexte lesen und verstehen

Seite 108

1 Das Thema des Textes wird am besten durch Satz C zusammengefasst.

(je richtige Lösung 1 Punkt; höchste Punktzahl: 1 Punkt)

Seite 109

2 richtige Zuordnungen: A4 B5 C1 D3 E2

(je richtige Lösung 1 Punkt; höchste Punktzahl: 5 Punkte)

3 richtig: B, C falsch: A, D, E, F

(je richtige Lösung 1 Punkt; höchste Punktzahl: 6 Punkte)

4 richtige Zuordnung: A3 B4 C2 D5 E1

(je richtige Lösung 1 Punkt; höchste Punktzahl: 5 Punkte)

Seite 110

Test B – Grammatik

1 a A der Roboter B die Pfeiftöne C das Kameraauge D die Lampe

(je richtige Lösung 1 Punkt; höchste Punktzahl: 4 Punkte)

b + c

Satz A	Personalpronomen	Nominativ
Satz B	Demonstrativpronomen	Akkusativ
Satz C	Personalpronomen	Akkusativ
Satz D	Demonstrativpronomen	Dativ

(je richtige Lösung 1 Punkt; höchste Punktzahl: b 4, c 4 Punkte)

2 zu ergänzende Präpositionen: auf An/Auf Unter auf Unter

(je richtige Lösung 1 Punkt; höchste Punktzahl: 5 Punkte)

3 (1) entwickelten = Präteritum (2) wird ... einsetzen = Futur (3) sieht aus ... ändert ... bewegt = Präsens

(je richtige Lösung 1 Punkt; höchste Punktzahl: 3 Punkte)

4 a + b z. B.: Wissenschaftler entwickelten in den USA einen besonderen Roboter.
(Subjekt) (Prädikat) (adv. Best.) (Akkusativobjekt)

(je richtige Lösung 1 Punkt; höchste Punktzahl: a 1, b 4 Punkte)

Seite 111

Test C – Rechtschreibung

1 Staub – denn: stauben | gibt – denn: geben | kann – denn: können | seht – denn: sehen
Eindruck – denn: Eindrücke | lebt – denn: leben | kommt – denn: kommen
(je richtige Lösung 1 Punkt; höchste Punktzahl: 7 Punkte)

2 Ka me ra au ge   U ni ver si tät
(je richtige Lösung 1 Punkt; höchste Punktzahl: 2 Punkte)

3 die Maschinen, viele Menschen, kleine Roboter, viel Arbeit, die Getränke, große Klassen
(je richtige Lösung 1 Punkt; höchste Punktzahl: 6 Punkte)

4 a Getränke – denn: der Trank   äußerlich – denn: außen   verhält – denn: halten
b das Gerät, beschäftigt, Universität
(je richtige Lösung 1 Punkt; höchste Punktzahl: a 3 Punkte, b 1 Punkt)

5 bedroh|lich| – denn: bedro hen   freund|lich| – denn: die Freun de
sinn | voll – denn: die Sinne, das Volle
(je richtige Lösung 1 Punkt; höchste Punktzahl: a 3 Punkte, b 3 Punkte)

6 zählt, ihnen, führen, Befehle, nachahmen, fühlen, wahre
(je richtige Lösung 1 Punkt; höchste Punktzahl: 7 Punkte)

Seite 112

Test D – Eine Grafik in einem Sachtext beschreiben

1 a Aussage C trifft am ehesten auf die Grafik zu.
(je richtige Lösung 1 Punkt; höchste Punktzahl: 1 Punkt)

b Die Lücken müssen wie folgt ergänzt werden:
Japan   zweiter   166 800   dritten   21 000   fünf   Taiwan   Asien   Großbritannien
(je richtige Lösung 1 Punkt; höchste Punktzahl: 9 Punkte)

Rheinland-Pfalz

Deutschbuch

Differenzierende Ausgabe

Arbeitsheft 6

Arbeitstechniken
Texte schreiben
Texte verstehen
Grammatik
Rechtschreibung
Lernstandstest

Herausgegeben von
Markus Langner,
Bernd Schurf und
Andrea Wagener

Erarbeitet von
Friedrich Dick,
Agnes Fulde,
Marianna Lichtenstein und
Toka-Lena Rusnok

Name: ______________________

Klasse: ____________

Cornelsen

Autoren- und Quellenverzeichnis

S. 27, 29: Computerkenntnisse von Jugendlichen. Angaben nach: Jugend 2.0. Eine repräsentative Untersuchung zum Internetverhalten von 10- bis 18-Jährigen. Hg. v. Bitkom. Berlin 2011, S. 15–17; auch: http://www.bitkom.org/66700_66689.aspx [29.08.2012] – **S. 31:** Lassahn, Bernhard: Das Geheimnis der Wellenzwerge. Aus: Lass das, Hein Blöd! Neue Geschichten von Käpt'n Blaubär. Nach Figuren von Walter Moers. Otto Maier Ravensburg, Ravensburg 1992, S. 67–71 – **S. 33:** Lassahn, Bernhard: Der Äquator-Kontrolleur. Aus: Lass das, Hein Blöd! Neue Geschichten von Käpt'n Blaubär. Nach Figuren von Walter Moers. Otto Maier Ravensburg, Ravensburg 1992, S. 10–11 – **S. 34:** Lassahn, Bernhard: Dummfisch und Flaschengeist. Aus: Lass das, Hein Blöd! Neue Geschichten von Käpt'n Blaubär. Nach Figuren von Walter Moers. Otto Maier Ravensburg, Ravensburg 1992, S. 14–16 – **S. 37:** Die Mäuse und die Katzen. Frei nach Äsop. Aus: Sämtliche Fabeln der Antike. Hg. u. übers. v. Johannes Irmscher. Anaconda: Köln 2006, S. 92 – **S. 38:** Krüss, James: Das Wasser. Aus: Der wohltemperierte Leierkasten. 12 mal 12 Gedichte für Kinder, Erwachsene und andere Leute. C. Bertelsmann Verlag, München 21997, S. 29 – **S. 55, 56:** „Herr Piccard, ..." Nach: Gasser, Carmen: Bertrand Piccard im Interview: „Unser Ziel ist es, Türen zu öffnen. Aus: http://www.wiwo.de/technologie/bertrand-piccard-im-interview-unser-ziel-ist-es-tueren-zu-oeffnen/5368084.html [30.08.2012] – **S. 45:** Gefiederte Flaschenöffner. Nach: Knauer, Roland u. Viering, Kerstin: Was du schon immer über Tiere wissen wolltest. Berlin Verlag, Berlin 2007, S. 50 – **S. 47:** Im Packeis. Nach: Die Treibjagd zum Pol. Aus: GEOlino extra. Arktis und Antarktis. 17/2008, S. 23 – **S. 66:** „Mit Hilfe eines kleines Insekts ..." Nach: Werner, Carsten: Mücke überführt Autodieb. 22. Dezember 2008. Aus: http://www.news4kids.de/nachrichten/natur/article/mucke-uberfuhrt-autodieb [30.08.2012] – **S. 78, 79:** Moser, Erwin: Die vier Spezialflugzeuge. Aus: Das große Fabulierbuch. Beltz & Gelberg, Weinheim und Basel 1995, S. 57– **S. 83:** Borchers, Elisabeth: Kleines Wörterbuch. Aus: Von der Grammatik des heutigen Tages. Suhrkamp, Frankfurt a. M. 1992 – **S. 88:** Pech, Kristian: Schwieriger Zwerg. Aus: Wo kommen die Worte her? Hg. v. Hans-Joachim-Gelberg. Beltz & Gelberg, Weinheim/Basel 2011, S. 22 – **S. 93:** Lornsen, Boy: Kümmelwurz und Lümmelwurz. Aus: Der Tintenfisch Paul Oktopus. Gedichte für neugierige Kinder. Boje, Köln 2009, S. 21 – **S. 102:** „A, ich heiße agnes". Nach: Roth, Philipp: Nemesis. Hanser Verlag, München 2011, S. 13– **S. 103, 104:** Nicholls, Sally: Wie man unsterblich wird. Jede Minute zählt. Übers. v. Brigitte Kollmann. dtv, München 2010, S. 160–161 – **S. 107:** „Der Traum vom Fliegen ..." Nach: am Ankermast. Aus: http://www.zeppelinfan.de/html-seiten/deutsch/luftschiff_zeppelin.htm [30.08.2012] – **S. 108 f.:** Hamm, Magdalena: Mein Freund, der Roboter. Aus: Redaktion KinderZEIT, 20. Januar 2012; http://blog.zeit.de/kinderziet/2012/01/20/mein-freund-der-roboter_11462 [30.08.2012]

Bildquellenverzeichnis

S. 5: Thomas Schulz, Teupitz – **S. 13:** © Thomas Imo / photothek.net – **S. 14:** © ALIMIDI.NET / Michael Weber – **S. 18:** © Fotolia/Peter Pyks – **S. 21:** Wissen macht AH!, © WDR – **S. 25:** © Wilhelm-Busch-Schule, Rodgau – **S. 31,33, 34:** © Ravensburger / FFP / RTV / WDR – **S. 39:** © Fotolia/Eric Isselée – **S. 41:** © Fotolia/Daniel Nimmvoll – **S. 42:** © Fotolia/barantza – **S. 45:** © Fotolia/fotoreisen.com – **S. 46:** © Fotolia/Natalya Zelenova – **S. 47:** akg images/imagno – **S. 48:** picture alliance/Ton Koene – **S. 54:** © Fotolia/Fabian Petzold – **S. 55:** picture alliance/© dpa – **S. 56:** picture alliance/akg images – **S. 63:** © picture alliance – **S. 66:** picture alliance/© ZB – **S. 71:** © A1PIX/Your Photo Today – **S. 72:** © Fotolia/peter_waters – **S. 76:** © Fotolia/beermedia – **S. 84** (13): © INTERFOTO/Danita Delimont/Janit Horton – **S. 84** (2): © blickwinkel/A. Jagel – **S. 84** (16): © Fotolia/unpict – **S. 84** (15): © Fotolia/reborn55 – **S. 84** (9): © Fotolia/Sigrid Dittrich – **S. 84** (1): © Fotolia/margo555 – **S. 84** (4), 99 Mitte: © Fotolia/M. Schuppich – **S. 86** (16): © Fotolia/Carola Schubbel – **S. 99** links: © Fotolia/rooks – **S. 99** rechts: © Fotolia/ronstik – **S. 102:** © Fotolia/Christian Schwier – **S. 104:** U.S.Naval Historical Center – **S. 108:** © Cinetext/Allstar

Impressum

Redaktion: Thorsten Feldbusch
Bildrecherche: Gabi Sprickerhof

Coverfoto: Tom Chance © Westend 61/Photoshot

Illustrationen:
Uta Bettzieche, Leipzig: S. 92
Thomas Binder, Magdeburg: S. 15–19, 22, 50
Natalie Bruch, Kamen: S. 35–37
Nils Fliegner, Hamburg: S. 78–105, 107
Christiane Grauert, Milwaukee (USA): S. 43, 44, 49, 52, 53, 59, 62, 64, 67, 69, 70, 73
Christa Unzner, Den Haag: S. 38
Henning Ziegler, Berlin: S. 10–12, 24

Layoutkonzept: werkstatt für gebrauchsgrafik, Berlin
Layout und technische Umsetzung: Ines Schiffel, Berlin

www.cornelsen.de

1. Auflage, 4. Druck 2020

Alle Drucke dieser Auflage sind inhaltlich unverändert
und können im Unterricht nebeneinander verwendet werden.

Druck: Parzeller print & media GmbH & Co. KG, Fulda

ISBN: 978-3-06-062879-7

PEFC/04-31-1308

PEFC zertifiziert
Dieses Produkt stammt aus nachhaltig bewirtschafteten Wäldern und kontrollierten Quellen.

www.pefc.de

Inhaltsverzeichnis

Rechtschreibung

Kennzeichnungen in diesem Arbeitsheft:

1 Aufgabe

4 Zusatzaufgabe

●○○ Aufgaben mit Starthilfen

●●● Aufgaben, die mehr Wissen und Können von dir verlangen

► Der Pfeil sagt dir, auf welcher Seite du etwas nachschlagen kannst.

Mit dem beigefügten Lösungsheft kannst du deine Arbeitsergebnisse selbst überprüfen.

Klassenarbeiten vorbereiten – Schritte

1 **Die Schüler auf dem Foto treffen verschiedene Aussagen, wie sie sich auf eine Klassenarbeit vorbereiten.**
a **Markiere in einer Farbe die Aussagen, die dir als Tipp hilfreich erscheinen.**
b **Kennzeichne in einer anderen Farbe die Sprechblasen, die du weniger hilfreich findest.**

2 **Formuliere zwei Tipps, die du zur Vorbereitung auf eine Klassenarbeit geben würdest. Beginne z. B. so:**

1. Am besten lerne ich, wenn ______________________

____

____

____

____

3 **Finde weitere Tipps. Ordne die folgenden Teilsätze A bis E und 1 bis 5 einander richtig zu. Ziehe Verbindungslinien.**

A Ich schaue mir alle Hausaufgaben und Mitschriften aus dem Unterricht an, ...

B Ich verteile den Lernstoff auf mehrere Tage, ...

C Ich lasse mich von jemandem abfragen, ...

D Ich schreibe mir das Wichtigste in Stichworten auf Karteikarten, ...

E Ich sehe mir meine persönliche Fehlerliste an, ...

1 ... da ich so eine direkte Bestätigung oder Verbesserung bekomme.

2 ... um alte Fehler nicht noch einmal zu machen.

3 ... um mir einen Überblick über den Lernstoff zu verschaffen.

4 ... damit ich ihn in kleinen Portionen lernen und wiederholen kann.

5 ... weil ich mir die kurzen Zusammenfassungen besser merken und mir immer wieder anschauen kann.

Ein Vorbereitungsplan – ... vier Tage bis zum Ziel!

1 In einer Sprechblase auf S. 5 heißt es: „Ich verteile den Lernstoff auf mindestens vier Tage."
Wie würdest du den Lernstoff zum Thema *„Meinungen schriftlich begründen"* auf vier Tage verteilen?

a Die Klebezettel A–D sind durcheinandergeraten. Ordne sie sinnvoll den Wochentagen zu. Ziehe Pfeile.

b Trage deine sonstigen Termine in den Kalender ein, z. B. für Sport, Musikstunde, Arzt, ...

Wochentag	Meine Vorbereitung für die Klassenarbeit am Freitag	Meine sonstigen Termine
Montag	A Wiederholen: Wie verfasst man einen Brief? - an Freunde - an Eltern und Lehrer - Spickzettel schreiben (20 Minuten einplanen)	Was? Wann? Dauer?
Dienstag	B - Begründungshand mit Beispielen wiederholen (15 Minuten) - ausruhen und frische Luft - früh ins Bett gehen	
Mittwoch	C - Aufbau eines Briefs wiederholen - Fehlerliste anschauen (30 Minuten)	
Donnerstag	D - Heft und Buch zum Thema: „Schriftlich begründen" durchsehen (30–45 Minuten)	

2 Übertrage den Vorbereitungsplan zum Thema der nächsten Klassenarbeit in dein Heft.

Freundschaftsgeschichten – Erzählanfänge fortsetzen

Methode **Geschichten lebendig weitererzählen**

- Achte darauf, die **Erzählform** einzuhalten: Ich-Erzähler oder Er-/Sie-Erzähler.
- Behalte den **„roten Faden"** bei. Knüpfe deine Fortsetzung sinnvoll an die Vorgeschichte an.
- Baue die **Handlungsschritte** wie bei der **Lesefieberkurve** aufeinander auf.
- Setze unterschiedliche **Spannungsmelder** ein, z. B.: *plötzlich, unerwartet, auf einmal, überraschend, ...*
- Erzähle **lebendig:** Gestalte **Dialoge** und beschreibe, was die **Figuren denken, sagen, fühlen, sehen, riechen** oder **spüren.**
- Verwende **abwechslungsreiche Verben** sowie **treffende Adjektive.**
- Verwende, wenn vorgegeben, die für die Fortsetzung vorgesehenen **Reizwörter.**

1 **Lies den Beginn der folgenden Geschichte. Kreuze die richtigen Antworten zu den beiden Fragen an:**

a **Wer erzählt die Geschichte?**

☐ Katja ☐ Sebastian ☐ Fabian ☐ Keanu

b **Wo spielt die Geschichte?**

☐ auf einem Kletterturm ☐ im Schwimmbad

☐ auf einem Felsen am Ufer eines Sees ☐ im Hochseilgarten

Urlaubsfreunde

„Gleich sind wir oben." Katja atmete schneller und hatte einen roten Kopf, als wir den Felsen am Ufer des Sees endlich hinaufgeklettert waren.

Vom Campingplatz unten sah der Felsen viel niedriger aus. Die Aussicht auf den See war von hier oben großartig. Fabian und Keanu breiteten ihre Handtücher aus. Der Felsen bot genug Platz für uns vier, sodass wir es uns gemütlich machen konnten. Katja spendierte eine Runde Plätzchen.

Stumm starrte ich auf die Wasseroberfläche. Da fragte Fabian mich: „Machst du einen Kopfsprung da runter?"

„Bist du verrückt?" Katja sprang ihm fast an den Hals. „Du willst Sebastian doch wohl nicht etwa dazu ermuntern? Das sind bestimmt vier Meter von hier bis zum Wasser."

„Na und?", grinste Fabian. „Der ist doch kein Mädchen. Der traut sich das! Oder, Sebastian?"

Und bevor ich antworten konnte, fügte er hinzu: „Du bist doch bestimmt schon vom Fünfer gesprungen. Dann ist das hier doch eine leichte Übung für dich."

Die Sonne glitzerte auf dem See, als ich über die Felskante direkt nach unten schaute.

„Ich würde da nicht zögern", hörte ich Fabian zu Keanu sagen.

Keanu schüttelte den Kopf und sagte: „..."

2 **a** **Wie stellst du dir den Ort der Handlung vor? Unterstreiche dazu Angaben im Text.**

b **Fertige eine Zeichnung zum Ort an. Beschrifte sie.**

3 **Um die Geschichte (▶ S. 7) fortzusetzen, hat eine Schülerin einzelne Handlungsschritte notiert. Für ihre Fortsetzung sollte sie diese Reizwörter verwenden:**
Gefahren Waschlappen Campingplatz

a Prüfe: Hat die Schülerin die Reizwörter beachtet? Markiere sie auf den folgenden Notizzetteln.

1 ... alle sind sicher schon gesprungen und ich werde als Waschlappen dastehen.

2 Fabian erwartet, dass ich runterspringe ....

3 ... ich sehe, was mir alles passieren könnte, solche Gefahren wie ...

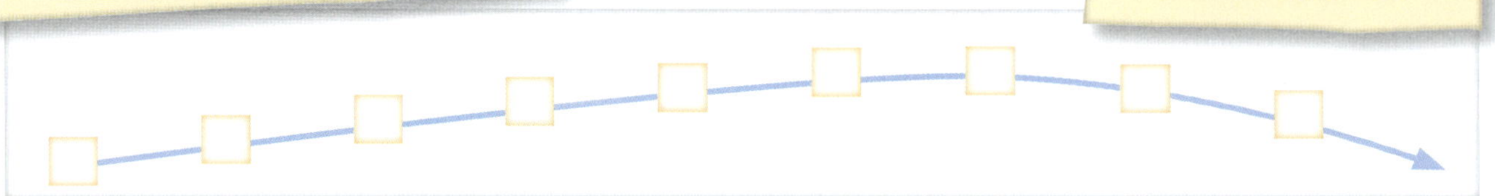

4 Katja rät mir von der bescheuerten Mutprobe in letzter Sekunde ab ...

5 Ich laufe mit Katja und Keanu zum Campingplatz; Fabian bleibt allein zurück ...

6 ... ich gehe zum Rand ... und hole ganz tief Luft...

b Ordne die Notizzettel mit Pfeilen der Lesefieberkurve zu. Beginne mit dem Höhepunkt.
c Ergänze, wenn du möchtest, eigene Zettel mit weiteren Handlungsschritten. Klebe sie hinzu.

4 **Stell dir vor, wie Sebastian am Rand des Felsens steht. Ergänze in der Tabelle, welche Gedanken ihm und den anderen Figuren durch den Kopf gehen könnten.**
Tipp: **Überlege auch, was die Figuren in dieser Situation spüren, sehen, riechen und schmecken könnten.**

Fabian	Ich-Erzähler (Sebastian)	Katja
Gleich werden wir Spaß haben!	*Ich will am liebsten umkehren.*	*Fabian ist total verrückt, Sebastian ...*

5 **Schriftlich wird in der Regel im Präteritum erzählt. Um die Geschichten lebendiger zu machen, kann man Spannungsmelder einsetzen.**
a Setze die in Klammern gesetzten Verben ins Präteritum. Schreibe ins Heft.
b Unterstreiche in den Sätzen die Spannungsmelder.

Das Wasser des Bergsees ... *(glitzern)* in der Sonne. Auf einmal ... *(brechen)* ein paar kleine Steine vom Felsenrand ab. Ich ... *(erschrecken)* und ... *(sehen)* mich schon kreischend unten aufschlagen. Plötzlich ... *(hören)* ich Katja aufgeregt schreien. Sie ... *(wollen)* mich vor dem Sprung warnen. In letzter Sekunde ... *(verstehen)* ich, was sie mir ... *(zurufen)*.

6 **Setze selbst die Geschichte von Sebastian in deinem Heft fort.**

Neue Nachbarn – Mit Reizwörtern einen Erzählanfang fortsetzen

Wie man Freunde gewinnt

Nach der Rückkehr aus dem Sommerurlaub stand ein Möbelwagen vor unserem Doppelhaus am Stadtrand. Das Nachbarhaus war inzwischen vermietet worden. Nun zogen die neuen Nachbarn ein.
Am nächsten Tag herrschte lebendiges Treiben im gemeinsamen Garten. Außerdem steckte eine Einladung zum Einzugsfest im Briefkasten. Ich lief in den Garten. „Hallo, ich heiße Gülcan und das ist mein Bruder Fatih“, begrüßten mich dort zwei ungefähr Gleichaltrige. „Hilfst du uns, die Lichterketten und Lampions für das Einzugsfest aufzuhängen?“ Da ich hilfsbereit und zugleich neugierig war, holte ich …

1 **Setze den Beginn der Geschichte fort. Verwende diese Reizwörter:** ***Leiter*** ***Luftmatratze*** ***Leckereien***

○ **a** **Setze die in Klammern gesetzten Verben ins Präteritum, z. B.:** ***(lachen)*** → lachten

b **Bringe die folgenden Erzählschritte in die richtige Reihenfolge. Nummeriere sie von 1 bis 5.**

c **Markiere im Text die Spannungsmelder wie** ***plötzlich, dann, …***

☐	Stunden später ______ *(lachen)* wir immer noch über den Moment, als ich wie ein Lampion am Apfelbaum ______ *(hängen)*. Unsere Eltern ______ *(feiern)* mit Leckereien und lernten sich kennen. Direkt im Garten hatte ich zwei neue Freunde gefunden.
☐	Ich ______ *(holen)* eine Leiter aus dem Keller und ______ *(lehnen)* sie an einen Baum. Im Schatten der Bäume ______ *(stehen)* bereits Tische und Stühle. Die Sonne ______ *(spiegeln)* sich im Porzellan und in den Trinkgläsern auf den Tischen.
☐	Gerade als ich die Kette an einem Ast ______ *(festbinden)*, ______ *(zerbrechen)* plötzlich zwei Leitersprossen. In letzter Sekunde ______ *(können)* ich mich an einen Ast klammern. „Halte dich fest, wir helfen dir!“, ______ *(rufen)* Gülcan aufgeregt. Dann ______ *(schnappen)* sie sich die Luftmatratze, die in der Nähe ______ *(liegen)*, und ______ *(legen)* diese unter den Apfelbaum. „Lass dich fallen, keine Sorge, du fällst weich“, ______ *(versichern)* mir Gülcan.
☐	Fatih ______ *(stehen)* oben auf der Leiter und ______ *(fragen)*: „Kannst du mir die roten und gelben Lampions anreichen? Die Lichterkette hängen wir zum Schluss auf.“ Und bald ______ *(baumeln)* bunte Laternen in den Bäumen in unserem gemeinsamen Garten.
☐	„So, jetzt hängt die Lichterkette schon zwischen drei Bäumen“, ______ *(sagen)* Fatih stolz. „Wir verlängern sie noch bis zum Apfelbaum dort drüben“, ______ Gülcan ______ *(vorschlagen)*. Also ______ *(tragen)* ich die Leiter weiter zum Apfelbaum und ______ *(hochsteigen)*.

Freundschaftsspiel? – Mit Reizwörtern einen Erzählanfang fortsetzen

Ein perfektes Zusammenspiel

„Heute ist das entscheidende Spiel“, sagte ich auf dem Weg zur Umkleidekabine zu meinem besten Freund Tim.
„Wenn wir heute nicht gewinnen, steigen wir ab“, stöhnte Tim.
Wie ich konnte er sich ein Leben ohne Fußball nicht vorstellen.

1 ●●● **Setze den Beginn dieser Freundschaftsgeschichte fort.**
In deiner Fortsetzung sollen mindestens 3 der folgenden Reizwörter vorkommen:
Alleingang Trainer Sieg Streit Abpfiff Strafstoß Foul

a **Bringe die folgenden Handlungsschritte in eine Reihenfolge, die spannend ist. Nummeriere sie von 1 bis 6.**
b **Ordne die nebenstehenden Erzählteile den Handlungsschritten sinnvoll zu. Ziehe Verbindungslinien.**
c **Schreibe die ganze Freundschaftsgeschichte in dein Heft.**
Beachte die Erzähltipps in der rechten Tabellenspalte.

	Handlungsschritte	Erzählteile
☐	2. Halbzeit: Tim anfänglich noch beleidigt; schaut sich nach anderen um, nicht nach mir …	**Tipp: Schreibe im Präteritum.** *Wir beide bildeten schon seit einem Jahr die Angriffsspitze unserer Mannschaft. Mit Lust und Ehrgeiz versuchten wir, den Ball ins gegnerische Tor zu schießen.*
☐	Tim ständig im Alleingang; kein Zuspiel, dickköpfig, ehrgeizig …	**Tipp: Verfasse Dialoge, um den Text lebendiger zu gestalten.** *Tim schrie zurück: „Du musst dich auch anbieten!“* *Jch konterte noch ganz außer Atem: „Du gibst überhaupt nicht ab!“* *Der Trainer rief: „Nun haltet mal die Luft an!“*
☐	Schließlich, kurz vor dem Abpfiff, ein tolles Zusammenspiel; rettender Sieg 1: 0; beide fallen sich in die Arme; Streit vergessen …	**Tipp: Erzähle, was der Ich-Erzähler denkt, sagt, fühlt, sieht oder riecht.** *„Warum spielt er mich nicht an? Jch stehe ganz frei und …“* *„Tim, hier! Her mit dem Ball!“*
☐	Fußball: Tim und ich spielen beide im Angriff als Stürmer …	**Tipp: Verwende abwechslungsreiche Satzverknüpfungen:** *Nach dem Anpfiff zur zweiten Halbzeit …* *Zunächst zeigte Tim sich noch beleidigt …* *Endlich begann er nach und nach, auch mir Pässe …* *Jetzt spielten wir wieder wie früher …*
☐	Streit in der Halbzeitpause; Trainer greift ein …	**Tipp: Achte auf die Ich-Erzählform. Halte sie ein.** *Jch rannte wie ein Jrrer mit Tim zum gegnerischen Tor, aber er spielte mir überhaupt keine Pässe zu. Bis dahin hatte ich ihn für einen prima Teampartner gehalten. Heute aber war er nur dickköpfig, ehrgeizig und selbstsüchtig.*
☐	Wenn er abgeben würde, hätte ich riesige Torchancen; wütend auf Tim …	**Tipp: Nutze abwechslungsreiche Verben und Adjektive.** *Jn der allerletzten Minute gelang es uns, durch ein hervorragendes Zusammenspiel die gegnerische Verteidigung auszutricksen. Tim schickte mir eine genau platzierte Flanke und ich köpfte den Ball zielsicher ins Netz.*

2 ●●● **Verfasse eine selbst erlebte oder eine erfundene Freundschaftsgeschichte.**

Von einem Unfall berichten – Sachlich und genau!

Information **Der Unfallbericht**

- In einem Unfallbericht werden die **W-Fragen** (Wo? Wann? Was? Wer? Wie? Warum? Welche Folgen?) in einer sinnvollen **Reihenfolge** beantwortet.
- Man gibt das Geschehen in genau der **Abfolge** wieder, in der es sich ereignet hat.
- Man berichtet nur **Tatsachen.** Vermutungen, Gefühle und Wertungen dürfen nicht vorkommen.
- Wörtliche Rede soll in einem Unfallbericht nicht enthalten sein.
- Die Zeitform des Unfallberichts ist das **Präteritum,** z. B.: *Der Unfall ereignete sich, geschah/passierte ...*

1 **Einige Schüler berichten einem Sanitäter, was sie über den Unfall wissen. Unterstreiche in den Sprechblasen die Informationen, die auf die W-Fragen antworten.**

Unfall beim Herbstfest

Sechs Schüler der Zirkus-AG haben während ihrer Aufführung eine Menschenpyramide gebaut. Emily aus der fünften Klasse fiel aus der dritten Pyramidenetage von ganz oben auf die Matte.

Die untere Reihe konnte das Gewicht nicht halten, sodass die Menschenpyramide in sich zusammenfiel. Auch die Schüler, die Hilfestellung leisteten, konnten Emily nicht auffangen. Sie prallte mit dem Kopf auf den Boden. Alle anderen hatten Glück und blieben unverletzt.

Die Vorführung fand im Nachmittagsprogramm des Herbstfestes um 15:00 Uhr auf dem Freizeitgelände statt.

Auf den ersten Blick sah es wie eine harmlose Platzwunde aus. Trotzdem haben wir sie zur Beobachtung ins nächste Krankenhaus gebracht.

2 **Stell dir vor, der Sanitäter bittet dich, für ihn die Informationen in einem schriftlichen Bericht zu bündeln. Übertrage die Informationen zum Unfall in den folgenden Schreibplan. Ordne sie den W-Fragen zu.**

W-Fragen	Informationen
Wo?	*auf dem Freizeitgelände der Schule*
Wann?	...
Was?	...
Wer?	*Schüler der Zirkus-AG* ...
Wie und warum? Ablauf in zeitlicher Reihenfolge mit Gründen	...
Welche Folgen?	...

3 **Formuliere einen Einleitungssatz für den Unfallbericht. Beantworte mit diesem Satz die ersten W-Fragen: Wo? Wann? Was?**

Während des Herbstfestes der Schule am Samstag … ____________________

____

____.

4 **Für den Unfallbericht musst du als Zeitform das Präteritum verwenden. Unterstreiche in den folgenden Sätzen die Verben und setze sie ins Präteritum.**

A Emily fällt auf den Boden. ____________________

B Die Zirkus-AG baut eine Menschenpyramide. ____________________

C Die Aufführung findet auf dem Freizeitgelände statt. ____________________

D Die Schüler können keine Hilfestellung geben. *konnten* ____________________

E Die Schüler bringen die Verletzte ins Krankenhaus. ____________________

F Der Sanitäter befragt die Zuschauer. ____________________

5 **a Bringe die folgenden Sätze in eine sinnvolle Reihenfolge. Nummeriere sie von 1 bis 4.**

☐ Die Menschenpyramide brach zusammen. Die Schüler der untersten Reihe konnten das Gewicht nicht mehr halten.

☐ Die Zirkus-AG baute ihre schwierigste Nummer. Emily sollte auf der Spitze der Menschenpyramide stehen.

☐ Das Herbstfest hatte gerade begonnen. Es kam zu einem Unfall.

☐ Es gab Schüler, die Hilfestellung leisteten. Sie konnten Emily nicht auffangen.

b Schreibe in dein Heft: Verbinde die jeweiligen Einzelsätze hinter den Nummern 1 bis 4 zu je einem Satz. Verwende passende Verknüpfungswörter aus dem Wortspeicher.

Wortspeicher

als nachdem während weil obwohl da

6 **Schreibe mit Hilfe deiner Vorarbeiten den vollständigen Unfallbericht in dein Heft.**

In der Skatehalle – Von einem Unfall berichten

Die Klasse 6c hat einen Tag in der Skatehalle verbracht.
Dort kann man Skateboard und BMX fahren. Leider gab es einen Unfall.
Die Klassenlehrerin hat sich die wichtigsten Informationen zum Unfall notiert.

1 **Lies den nachstehenden Notizzettel der Klassenlehrerin aufmerksam durch. Auf welche W-Fragen antworten ihre Notizen? Schreibe das passende Fragewort jeweils dahinter.**

- Donnerstag, 17. September, ca. 11:50 Uhr = *Wann?*
- Lukas Meyerhoff (Klasse 6c, Erich-Kästner-Gesamtschule) = ______________________?
- Unfall beim BMX-Fahren = ______________________?
- in der Skatehalle in Wuppertal = ______________________?
- Rampe sehr schnell runtergefahren, plötzlich gebremst, um einen Sprung vorzuführen, BMX nicht mehr unter Kontrolle, gestürzt und auf linken Arm gefallen = ______________________?
- Lukas ins Krankenhaus, Ärzte stellen fest, der Arm ist gebrochen = ______________________?

2 **Für den schriftlichen Unfallbericht formuliert die Lehrerin ihre Notizen zu ganzen Sätzen um. Hilf ihr: Verbinde durch Linien die Satzteile A bis D sinnvoll mit den Satzteilen 1 bis 4.**

A	Am Donnerstag, dem 17. September, gegen Mittag ...	1	... und stürzte auf den Boden. Er fiel auf seinen linken Arm.
B	Der Schüler, Lukas, fuhr mit einem BMX-Fahrrad mit sehr hohem Tempo eine Rampe runter und wollte dann stoppen, ...	2	... rief dieser den Krankenwagen.
C	Daraufhin verlor er die Kontrolle über das Rad ...	3	... um einen Sprung vorzuführen.
D	Nachdem ein Mitschüler von Lukas die Lehrerin und einen Trainer der Skatehalle benachrichtigt hatte, ...	4	... kam es in der Skatehalle zu einem Unfall, bei dem ein Schüler verletzt wurde.

3 **Der Schluss soll über die Folgen des Unfalls informieren. Formuliere, welche Folgen der Unfall hatte.**

Im Krankenhaus wurde festgestellt, dass ... ______________________

____

Lukas hat sich vorgenommen, in Zukunft ... ______________________

____

4 **Schreibe den vollständigen Unfallbericht in dein Heft.**
Tipp: Wenn du einen weiteren Unfallbericht üben willst, probiere die Folgeseite.

Abgestürzt – Einen Unfallbericht überarbeiten

An der Kletterwand der Lise-Meitner-Sekundarschule hat sich ein Unfall ereignet. Anna aus der 6. Klasse ist von der Kletterwand gestürzt. Für die Versicherung musste ein Bericht über den Unfallhergang geschrieben werden.

Sven und ich sind um die Wette geklettert, dann bin ich abgerutscht. Leider bin ich komisch aufgekommen und habe mir den Fuß verletzt. Meine Mutter brachte mich zum Arzt. Mein Fußgelenk ist leider verstaucht.

Checkliste

Einen Unfallbericht überarbeiten

- Werden alle W-Fragen in der richtigen Reihenfolge beantwortet?
- Wird von Tatsachen berichtet? Werden persönliche Wertungen oder Gefühle vermieden?
- Ist die Zeitform das Präteritum?
- Wird wörtliche Rede vermieden?

1 **Der folgende Unfallbericht muss überarbeitet werden.**

a **Streiche die Wörter und Sätze durch, die nicht in einen Bericht gehören.**

b **Wie muss der Bericht überarbeitet werden? Formuliere Notizen in der rechten Randspalte.**
Tipp: Beachte die Checkliste.

VORSICHT FEHLER!

Unfall an der Kletterwand

Am Freitag, dem 05.05.20XX, um 09:45 Uhr ereignet sich in der großen Pause ein ärgerlicher Unfall an der Kletterwand der Lise-Meitner-Sekundarschule. Dabei verletzt sich die Schülerin Anna Hoffmann. Sie klettert mit ihrem Freund, Sven Krüger, um die Wette und war schneller als er. Leider rutschte Anna mit ihrem Fuß von einer Halterung der Kletterwand ab und stürzte daraufhin auf den Boden. Sven freute sich erst, dass er gewonnen hatte, war dann aber auch erschrocken, als er sah, was Anna passiert war. Anna hat sich sehr weh getan, ihr Fuß schmerzte. Anna wurde daraufhin in den Sanitätsraum der Schule gebracht und wartet dort auf ihre Mutter. Diese fährt mit Anna ins Krankenhaus. Dort stellte ein Arzt bei der Untersuchung fest, dass Annas Fußgelenk verstaucht war. Er sagte zu Anna: „Du musst den Verband noch zwei Wochen tragen, damit der Fuß ruhiggestellt ist.“

2 **Schreibe den verbesserten Bericht in dein Heft.**

Einen Gegenstand beschreiben – So sieht er aus!

Methode **Einen Gegenstand beschreiben**

- Damit andere sich eine genaue Vorstellung von einem Gegenstand (z. B. für einen Wunsch) machen können, solltest du ihn in einer sinnvollen **Reihenfolge treffend** beschreiben.
- Beginne mit der **Art** des Gegenstands, der **Größe,** der **Form,** dem **Hauptmaterial** und der **Hauptfarbe,** z. B.: *Der Laufschuh der Marke ... ist aus Leinen, das ... gefärbt ist. Die ... Sohle ist aus ...*
- Beschreibe dann **weitere Einzelheiten** und deren **Farben, Formen** und **Materialien,** z. B.: *Auf der Oberseite befinden sich silberne Ösen, durch die der Schnürsenkel von ... Farbe ...*
- Nenne zum Schluss **Besonderheiten,** z. B.: *Besonders auffällig ist der blaue Stern auf ...*
- Schreibe im **Präsens** (Gegenwartsform).

Mein Wunschschuh

1 **Stell dir vor, du könntest deine eigenen Chucks entwerfen.**
Gestalte deine Sportschuhe: Male das Schuhmuster nach deinen Vorstellungen aus.

2 **Damit die Firma deinen Wunschschuh für dich herstellen kann, braucht sie eine treffende Beschreibung. Kennst du dich mit den richtigen Bezeichnungen aus, um den Sportschuh zu beschreiben? Schreibe die nachfolgenden Fachbegriffe an die passenden Stellen deines Wunschschuhs.**

Wortspeicher

die Sohle die Öse der Schnürsenkel die Naht die Kappe
das Abzeichen/die Marke die Zunge/die Lasche

3 **Bereite deine Beschreibung zu deinem Wunschschuh vor. Ordne eigene Begriffe oder Bezeichnungen aus dem Wortspeicher der folgenden Tabelle zu.**

Wortspeicher

Form/Größe	Material	Farbe	Besonderheiten/Sonstiges
oval, rund, kurz, lang, spitz, kantig, eckig, klein, groß, dünn; Größe 37, 40, ...	aus Leder, aus Stoff, aus Leinen, aus Gummi, aus Kork, ...	schwarz, weiß, silbern, lila, rot, blau, grün, leuchtend, neonfarben, matt, ...	gestreift, gepunktet, mit Sternen gemustert, bedruckt, bestickt, verziert, ...

Tabelle

Die Sohle/die Kappe	Der Schuhkörper	Das Abzeichen/die Marke
Material = aus Gummi		

4 **Wie würdest du die Beschreibung deines Wunschschuhs beginnen? Wähle A oder B und begründe deine Wahl.**

A Der Schuh sollte in Größe 37 hergestellt und der Schuhkörper sollte aus grünem Stoff genäht werden. Er muss über den Knöchel reichen. ...

B An den Spitzen der gelben Schnürsenkel hängen kleine blaue Perlen ...

Begründung: *Satz* ______ *ist als Beginn sinnvoll, weil* ______

______.

5 **Ein Schüler hat eine Gegenstandsbeschreibung für seinen selbst entworfenen Wunschschuh verfasst. Ordne die Teile seiner Beschreibung: Nummeriere sie in einer sinnvollen Reihenfolge.**
Tipp: Gehe vom Allgemeinen zu den Besonderheiten/Einzelheiten.

Durch die silberglänzenden Ösen geht ein weißer Schnürsenkel. Auch die Nähte des Schuhs sind weiß.

Er hat eine ovale Form und an der Schuhspitze befindet sich eine abgerundete Kappe.

Auf dem Abzeichen sieht man eine bunte Weltkugel.

Die Hauptfarbe des Schuhkörpers ist Blau. Davon unterscheidet sich die weiße Sohle mit einem feinen schwarzen Streifen rundherum.

Das Material des Schuhkörpers besteht aus Leinenstoff, die Sohle und die Kappe sind aus Gummi.

Der Stoffschuh ist knöchelhoch und hat die Schuhgröße 37.

Über den blauen Leinenstoff des Schuhkörpers ziehen sich seitlich zwei gelbe Wellenlinien.

6 **Beschreibe in deinem Heft deinen Wunschschuh. Orientiere dich am Vorbild des Schülertextes zu Aufgabe 5.**

Mein eigenes T-Shirt – Einen Gegenstand beschreiben

Leyla erzählt ihrer französischen Brieffreundin von ihrem neuen T-Shirt. Sie hat es selbst gestaltet.

1 **Um das T-Shirt treffend beschreiben zu können, zeichnet Leyla zuerst das Kleidungsstück auf ein DIN-A4-Blatt. Danach beschriftet sie ihre Zeichnung. Ordne die Bezeichnungen aus dem Wortspeicher ihrer Zeichnung zu.**

Wortspeicher

weißes Baumwoll-T-Shirt bunter Schmetterling rote Streifen Ärmel Bündchen goldfarbenes Herz

2 **Formuliere Leylas Beschreibung mit Hilfe der folgenden Bausteine für einen Brief. Nutze die Schreibzeilen oder schreibe in dein Heft.**

das ich selbst gestaltet habe.	ich beschreibe dir heute	Liebe Isabel,	mein T-Shirt,

gemalt.	Auf ein weißes Baumwoll-T-Shirt	einen bunten Schmetterling	habe ich in die Mitte

dieses Bild in der Mitte.	Ein goldfarbenes Herz	umrandet

mit einem roten Streifen verziert.	Ärmel des T-Shirts	habe ich jeweils	Die beiden kurzen

Und rund um das Bündchen	eine grüne Wellenlinie.	verläuft	Schön, oder? Deine Leyla

Ein Smartphone – Einen Gegenstand beschreiben

Joshua hat ein neues Smartphone zum Geburtstag bekommen.
Er beschreibt es seinem Freund in einer E-Mail.

1 **Zuerst macht sich Joshua mit den Fachbegriffen für ein Smartphone vertraut.**
In der Skizze zum Gerät bemerkt er zwei Fehler bei den Begriffszuordnungen. Finde und korrigiere die Fehler.

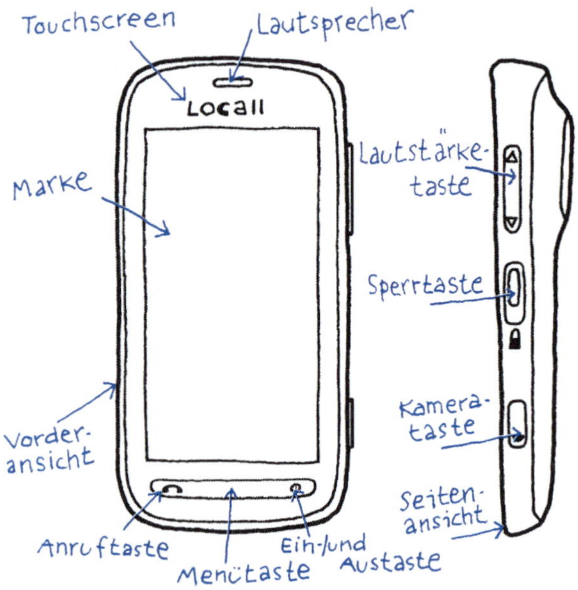

2 **Nutze die Skizze, um die Beschreibung für Joshua zu formulieren.**
Die folgenden Satzbausteine können dir dabei helfen.

Auf der Vorderseite befindet sich .../Neben der Menütaste ... Unterhalb/oberhalb erkennt man .../
ist zu sehen .../In der Mitte ... Seitlich sitzt/sitzen ... Zentral platziert sind/ist ...

Mein neues Smartphone der Marke „   " ist ca.   groß
und ...

Einen Vorgang beschreiben – So geht es!

Methode **Einen Vorgang beschreiben**

- Bei einer **Vorgangsbeschreibung** wird ein Vorgang so beschrieben, dass ihn **eine andere Person** nachmachen kann. Vorgangsbeschreibungen sind z. B. *Bastelanleitungen, Kochrezepte oder Spielregeln.*
- Zuerst werden die **Materialien** genannt, die für den Vorgang benötigt werden.
- Danach sind die einzelnen **Schritte** des Vorgangs sachlich und **genau** und in der **richtigen Reihenfolge** zu beschreiben.
- Mit **unterschiedlichen Satzanfängen** kann die Reihenfolge der Schritte abwechslungsreich formuliert werden, z. B.: *Am Anfang ..., danach ..., zuletzt ...*
- Eine Vorgangsbeschreibung steht im **Präsens** (Gegenwartsform).

Zaubertrick mit heißer Münze

Während der Kindergeburtstagsfeier seiner kleinen Schwester Samira wird Ali als Zauberer auftreten. Lange hat er seinen Zaubertrick geübt. Um nichts zu vergessen, hat er Bilder auf einen Notizzettel gezeichnet.

1 a **Sieh dir die Bilder genau an. Wie funktioniert der Zaubertrick?**
Tipp: Probiere aus, was passiert, wenn man eine Münze länger in der geschlossenen Hand hält.
b **Notiere die Materialien, die man für den Trick benötigt, und die einzelnen Schritte des Tricks.**

Material: Hut, ...

2 **Durch passende Verknüpfungswörter (z. B. *danach, dann, als Nächstes*) können Zusammenhänge deutlich gemacht werden. Welche Verknüpfungswörter wurden hier verdreht? Schreibe sie richtig auf.**

~~MUZ LUSCHSS~~ ZRSUET AUFIHNRAD CHSLCIEßILH DASOSS MU

zum Schluss ______ ______ ______ ______

3 **Ali möchte seiner Schwester den Zaubertrick schenken. Für sie beschreibt er den Trick auf Schmuckpapier. Verfasse für Ali die Beschreibung seines Tricks in schöner Handschrift.**

Zaubertrick mit heißer Münze

Für den Trick braucht man …

Zuerst …

4 **Sieh dir noch einmal die Bilder auf S. 19 an. Vergleiche sie mit deinem Text zu Aufgabe 3. Prüfe Folgendes:**

a **Hast du alle Schritte in der richtigen Reihenfolge beschrieben?**

b **Hast du durchgängig das Präsens verwendet? Kontrolliere alle Verben.**

Der Bananentrick – Einen Vorgang beschreiben

1 **Die folgenden Textteile zum Bananentrick sind durcheinandergeraten. Ordne sie den Abbildungen richtig zu. Nummeriere die Texte von 1 bis 6.**
Tipp: **Zu einem Bild gehören 2 Textteile.**

1

☐ Schließlich könnt ihr gemeinsam die Banane verspeisen.

2

☐ Die so vorbereitete Banane schälst du dann vor deinen Freunden. Sie werden Augen machen!

3

☐ Achte darauf, dass das Einstichloch nicht zu groß wird. Möglicherweise wird die Schale rund um das Einstichloch ein bisschen braun. Deshalb solltest du den Trick bald nach den Vorbereitungen vorführen.

4

☐ Du nimmst die Banane (mit Schale) und stichst der Länge nach ca. alle 2–3 cm mit der Nadel in die Banane.

5

☐ Dann bewegst du die Nadel jeweils einmal quer hin und her. Dabei zerteilt die Nadel das weiche Fruchtfleisch.

☐ Man benötigt eine ungeöffnete Banane und eine Stecknadel.

2 **Der Trick ist verblüffend und sehr einfach. Übe ihn, sodass du ihn vorführen kannst.**
Tipp: **Wenn du einen weiteren Zaubertrick kennen lernen möchtest, probiere den Trick auf der nächsten Seite.**

Die Zauberschlaufe – Einen Trick genau beschreiben

1 Schau dir die Bilder zum Zauberschlaufentrick genau an.
Probiere ihn zusammen mit einem Mitschüler aus.

1

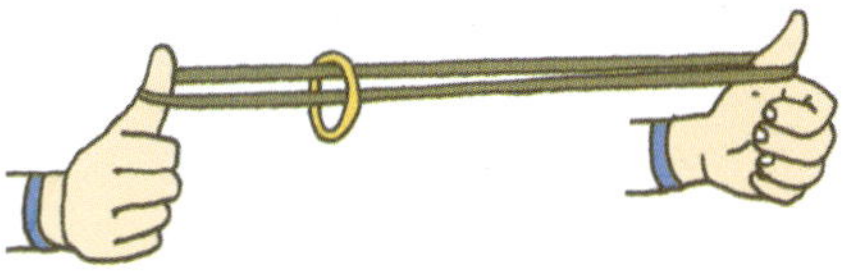

2

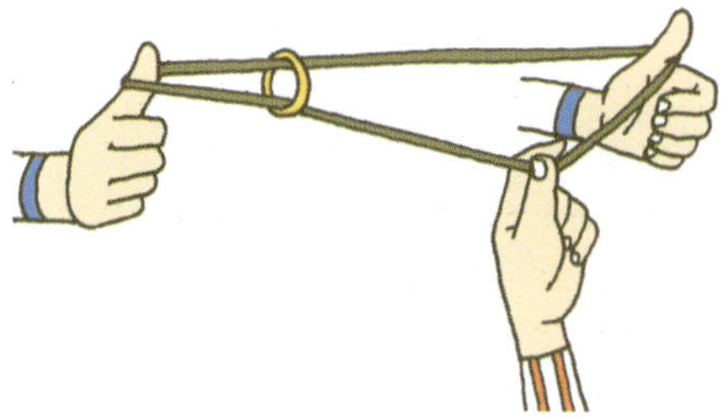

3

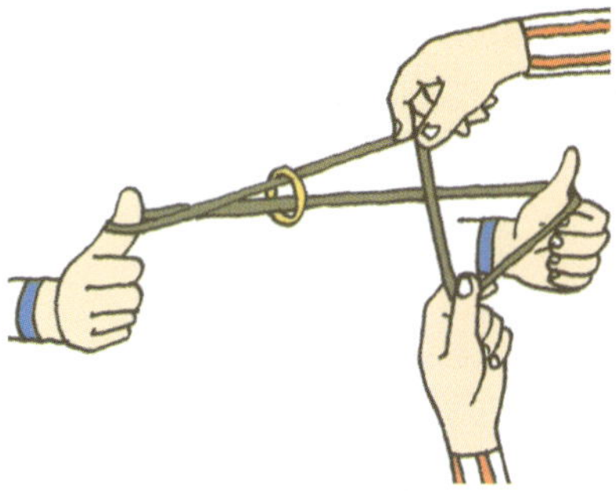

4

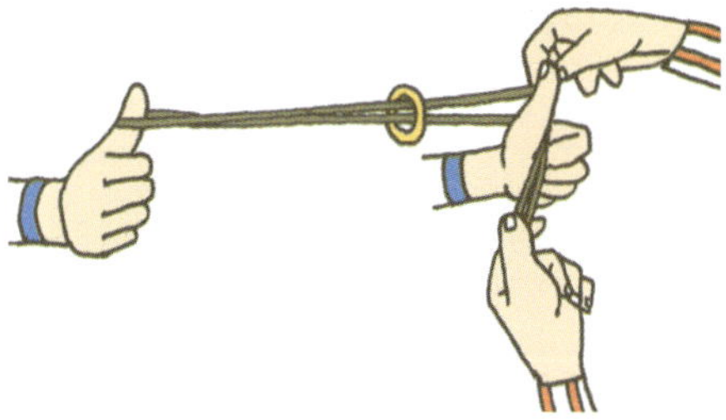

5

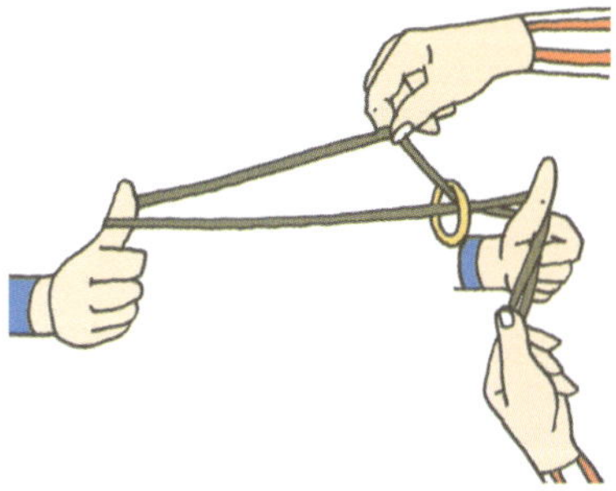

6

2 Patti hat eine Vorgangsbeschreibung für diesen Trick mit der Zauberschlaufe verfasst.
Überarbeite ihren Text.

a Bringe die 5 nachstehenden Textabschnitte in die richtige Reihenfolge. Nummeriere sie.

b Finde für die unterstrichenen Wörter genauere Begriffe und schreibe den Text in dein Heft.
Tipp: Vergiss die Überschrift nicht.

☐ *Zuerst wird die Schlinge durch den Ring gefädelt. Dann hält ein Assistent die Schlinge schlaff auf den Fingern in die Luft.*

☐ *Für den Trick „Die Zauberschlaufe“ benötigt man eine Schnur in Form einer Schlinge und einen kleinen Ring (z.B. ein Haargummi).*

☐ *Der Vorführer greift mit der linken Hand an die Schnur zwischen dem Gegenstand und der linken Hand des Assistenten. Er fasst mit der rechten Hand die Schnur zwischen dem Ring und seiner linken Hand. Seine linke Hand bleibt unverändert.*

☐ *Der Ring fliegt davon und die Schnur sitzt wieder auf beiden Daumen.*

☐ *Die rechte Hand führt dann die Schnur über den dicken Finger des Assistenten. Wieder bleibt die linke Hand des Zauberers unbewegt. Mit der rechten Hand fasst er danach die hintere Schnur links vom Ring. Er macht diese über den linken Daumen seines Assistenten. Dieser muss die Schnur straffziehen und im gleichen Moment lässt der Zauberer beide Hände los.*

Meinungen in einem Brief begründen – Ich bitte Sie ...

Methode **Eine Meinung in einem Brief begründen**

- Denke an **Ort, Datum** und **Anrede,** z. B.: *Sehr geehrte/geehrter ...* oder *Liebe/Lieber ...*
- Beginne in der nächsten Zeile (Absatz) mit deiner **Bitte (Meinung)**. Worum bittest du? Zum Beispiel: *... ich möchte Sie darum bitten, dass ...*
- Schreibe deine **erste Begründung**. Nutze Verknüpfungen, z. B.: *denn* oder *dafür spricht ...*
- Nenne **weitere Gründe.** Beschränke dich auf insgesamt zwei oder drei überzeugende Gründe.
- Formuliere zu einer Begründung **ein Beispiel,** z. B.: *In unserer Klasse gibt es zum Beispiel/nämlich ...*
- Fasse deinen Wunsch nochmals zusammen, z. B.: *Daher würde ich mich freuen, wenn Sie ...*
- Beende den Brief mit einem **Gruß** und deiner **Unterschrift.**

1 **Maximilian, Klassensprecher der Klasse 6 b, hat einen Brief an die Eltern der Klassenpflegschaft verfasst. Worum bittet er im Namen seiner Klasse? Lies den Brief und kreuze an: Er bittet darum, ...**

- ☐ ... dass ein Handyverbot erteilt wird.
- ☐ ..., dass das Handyverbot für die Klassenfahrt aufgehoben wird.
- ☐ ... dass Handys in der Schule erlaubt werden.
- ☐ ..., dass man Handys wenigstens als MP3-Player nutzen darf.

Friesdorf, den 26.03.2013

Sehr geehrte Eltern der Klassenpflegschaft,

im Namen der Klasse 6 b schreibe ich Ihnen diesen Brief. Wir möchten Sie bitten, auf das absolute Handyverbot während der Klassenfahrt zu verzichten. Fast alle Schüler der Klasse sind der Meinung, dass ein Handy ein sehr nützlicher Gegenstand auf der Fahrt sein kann.

Wir möchten unsere Handys gerne mitnehmen, weil wir auch in der Woche der Klassenfahrt für unsere Freunde und Familien erreichbar sein wollen. Dann könnten wir nämlich unsere Eltern anrufen, um zu sagen, dass wir gut angekommen sind. Außerdem würden wir den Eltern Bescheid geben können, wann wir zurückkehren.

Natürlich könnten wir auch unsere Lehrer oder Klassenkameraden auf der Fahrt anrufen, wenn wir verloren gehen oder unterwegs in Kleingruppen vielleicht auf Probleme stoßen. So ist es etwa zuletzt der Parallelklasse gegangen, als eine Gruppe nach einem Einkaufsbummel den Bus verpasste. Wir würden uns dadurch sicherer fühlen, da wir schnell jemanden erreichen könnten.

Schließlich dient uns das Handy in der Freizeit auch zur Unterhaltung. So könnten wir beispielsweise abends ungestört mit Kopfhörern Musik hören.

Es würde uns freuen, wenn Sie auf das absolute Handyverbot während der Klassenfahrt verzichten würden.

Mit freundlichen Grüßen

Maximilian Maske – Klassensprecher der Klasse 6 b

2 Prüfe mit Hilfe der Checkliste, ob Maximilian den Brief formal richtig aufgebaut hat. Umkreise die einzelnen Aspekte in seinem Brief, z. B.: Ort = (Friesdorf)

Checkliste

Formaler Aufbau	Im Brief
▪ Ort	rechts über dem Text
▪ Datum	rechts über dem Text
▪ Anrede	am Textanfang; es folgen ein Komma und eine leere Zeile
▪ Gruß	Leerzeile vor dem Gruß am Textende
▪ Unterschrift	am Ende des Briefs

3 Markiere in Maximilians Brief (▸ S. 23) mit 2 unterschiedlichen Farben:
a die 4 Begründungen (eine Begründung ist bereits unterstrichen) und
b die 3 angeführten Beispiele.

4 Welche Verknüpfungswörter hat Maximilian verwendet? Schreibe mindestens 3 heraus.

5 Formuliere mit Hilfe der beiden „Briefkästen" und den darunterstehenden Satzanfängen weitere Begründungen für Maximilians Bitte. Nutze geeignete Verknüpfungswörter wie *um, sodass, damit, ...*

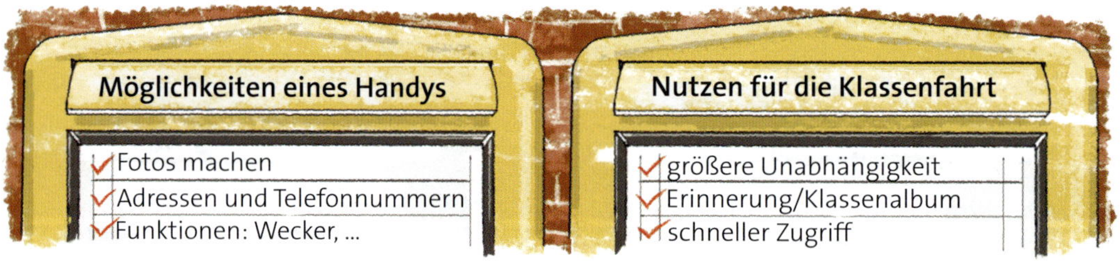

Mit dem Handy können wir Fotos machen, um schöne Bilder als ...

Besonders nützlich sind ...

Im Ernstfall können wir schnell ...

6 a Formuliere einen weiteren Grund, den Maximilian in seinem Brief zusätzlich anführen könnte.
b Finde zu diesem Grund auch ein Beispiel.

Grund:

Beispiel:

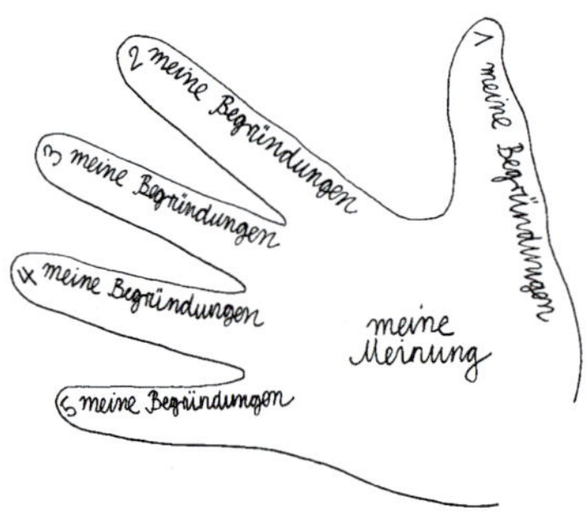

Der Spielecontainer – Einen Standpunkt schriftlich begründen

Soll ein Spielecontainer auf dem Schulhof aufgestellt werden?
Die SV und die SV-Lehrer haben die Schülerinnen und Schüler der Schule aufgerufen, ihre Meinung zu dieser Frage schriftlich zu begründen.

1 **Der folgende Brief der Klasse 6 b an die SV ist noch unvollständig.**
- **a** **Ergänze die Lücken mit Hilfe der im Brief angebotenen Stichworte.**
- **b** **Finde ein eigenes Argument mit einem dazu passenden Beispiel.**
- **c** **Markiere die Verknüpfungswörter *(da, weil, ...)*, die du verwendet hast.**

Bonn, den 26.03.2013

Liebe SV-Lehrer, liebe SV,

wir, in der Klasse 6b sind alle für einen Spielecontainer. Diese Gründe sprechen dafür:

Jn der Mittagspause haben wir fast eine Stunde Zeit für Spiele.

Malkreide · Springseile · Diabolos · in Gruppen spielen · ______

______

______.

gemeinsam · spielen · Streit · Langeweile · vermeiden · ______

______

______.

(eigenes Argument mit Beispiel) ______

______

______.

______

Aus diesen Gründen würden wir uns freuen, wenn Sie ______

______.

Mit freundlichen Grüßen

Klasse 6b

2 **Von einem Brief wird erwartet, dass er sehr sauber und gut lesbar geschrieben ist.**
Übertrage den ausformulierten Brief (ohne die Stichworte) auf ein unliniertes Blatt mit Schreiblinienunterlage.

3 **Vielleicht traust du dir einen weiteren Brief zu. Dann bearbeite die nachfolgende Seite.**

Eine Klasse im Freien – Einen Standpunkt schriftlich begründen

Das gesamte Außengelände der Schule soll neu gestaltet werden.
Die Klasse 6 a hat dazu einen bestimmten Wunsch.

Wir sitzen den ganzen Tag drinnen.

Unterricht auf Holz und dicken Steinen ...

... in der Nachbarschule findet dort vor allem der Bio-Unterricht statt.

Draußen arbeiten macht viel mehr Laune.

... auch in den Pausen ein toller Ort zum Reden.

... eine Verschönerung des Schulgeländes.

1 ●●● Lies die Wortbeiträge der Schüler sorgfältig durch. Worum geht es? Formuliere ihren zentralen Wunsch in einem Satz.

Wir möchten, dass ______________________________

____

2 ●●● a Markiere die Sprechblasen grün, die du nutzen kannst, um Begründungen zu formulieren.
b Markiere die Sprechblasen blau, die sich für Beispiele eignen.

3 ●●● Schreibe den folgenden Brief an die Schulleiterin zu Ende. Achte auf den formalen Aufbau eines Briefs wie Ort, Datum, Anrede, Gruß und Unterschrift (▸ S. 23).

Bonn, den 26.03.2013

Sehr geehrte Frau Direktorin,

in unserer Klasse haben wir diskutiert, wie es wäre, wenn wir auf unserem Schulgelände ein Außenklassenzimmer im Freien hätten.

Mehrere Gründe sprechen unserer Meinung nach für ein Klassenzimmer an der frischen Luft.

____

Sachtexte und Tabellen verstehen – Computerwissen

Information **Die Fünf-Schritt-Lesemethode**

1. und 2. Schritt: Worum geht es in dem Text?
- Lies zunächst **die Überschrift** und betrachte **Bilder** oder **Tabellen.**
- Lies dann **zügig** den **gesamten Text.** Mache dir klar, was das **Thema** des Textes ist.

3. Schritt: Wichtige Wörter verstehen
- Lies den Text ein zweites Mal.
- Markiere die Wörter, die besonders wichtig sind, um den Inhalt des Textes zu verstehen **(Schlüsselwörter)**.

4. Schritt: Zwischenüberschriften finden
- Gliedere den Text in **Sinnabschnitte.**
  Ein neuer Sinnabschnitt beginnt dort, wo ein neues Unterthema angesprochen wird.
- Fasse die einzelnen Abschnitte durch eigene **Zwischenüberschriften** zusammen.

5. Schritt: Den Inhalt wiedergeben
- Gib die wichtigsten **Informationen** des gesamten Textes möglichst mit eigenen Worten wieder.

1 a **Worum geht es in dem Text? Lies zuerst die Sachtext- und die Tabellenüberschrift.**
b **Lies dann zügig einmal den gesamten Text. Notiere in Stichworten, was du selbst über das Thema weißt.**

Computerkenntnisse von Mädchen und Jungen

Studien haben gezeigt, dass Mädchen und Jungen über hervorragende Computerkenntnisse verfügen. 87 von 237 befragten Schülern im Alter von 10 bis 12 Jahren nutzen regelmäßig das Internet. Viele von ihnen meinen, sich mit Computern besser als ihre Eltern und Lehrer auszukennen.

Mädchen und Jungen wissen über viele Bereiche der Computernutzung gut Bescheid. Sie sind sehr sicher im Umgang mit dem Internet. Auch die Arbeit mit Texten im Internet ist ihnen bekannt. Einige nutzen den Computer dazu, Präsentationen zu erstellen.

Eine Mehrheit kann alleine im Internet surfen, 76 der Befragten können ohne Hilfe von Erwachsenen Lernprogramme nutzen. 58 von ihnen können schon selbstständig E-Mails versenden. 60 Befragte gaben an, Textdokumente erstellen zu können.

Computerkenntnisse von Mädchen und Jungen

Es können schon alleine ...	
... ins Internet gehen	87
... E-Mails versenden	58
... Texte erstellen und bearbeiten	60
... Lernprogramme nutzen	76
... Präsentationen erstellen	23
... Filme schneiden	9
... Webseiten erstellen	8
... Musik komponieren	8
... programmieren	7

10- bis 12-Jährig (237 Befragte, Mehrfachnennungen möglich)

Das Schneiden von Filmen, das Erstellen von Webseiten und das Komponieren von Musik mit dem Computer beherrschen dagegen jeweils nur weniger als 10 der befragten Schüler.

c **Entscheide, welche der folgenden Formulierungen am besten zum Text passt. Kreuze an.**

- ☐ A In dem Text geht es um Computerspiele.
- ☐ B In dem Text geht es um den Besitz von Computern in den verschiedenen Altersklassen.
- ☐ C In dem Text geht es um Computerkenntnisse von Mädchen und Jungen.
- ☐ D In dem Text geht es um Computerkenntnisse von Erwachsenen und Kindern.

2 **Markiere wichtige Wörter im Text.**
In den ersten beiden Textabschnitten sind wichtige Schlüsselwörter bereits unterstrichen.
Lies den Text ein zweites Mal. Unterstreiche in den beiden letzten Abschnitten weitere Schlüsselwörter.

3 **Formuliere Zwischenüberschriften für die 4 Textabschnitte. Trage sie in die folgende Tabelle ein.**
Tipp: Nutze die markierten Schlüsselwörter (▸ Aufgabe 2).

Textabschnitt	Zwischenüberschriften
Zeilen 1–6	*Mädchen und Jungen kennen sich ...*
Zeilen 7–11	
Zeilen 12–16	
Zeilen 17–19	

Methode **Eine Tabelle lesen**

Eine Tabelle stellt in senkrechten Spalten (↓) und waagerechten Zeilen (→) Informationen knapp und übersichtlich dar. Lest zuerst die Überschrift der Tabelle und dann die einzelnen Spalten.
Tipp: Achtet in den Spalten auf besonders hohe oder niedrige Zahlen.

4 **a** **Untersuche die Tabelle im Text auf S. 27.**
Kreuze an, ob die nachfolgenden Aussagen richtig oder falsch sind.

		richtig	falsch
A	777 Mädchen und Jungen wurden zu ihren Computerkenntnissen befragt.	☐	☐
B	Mehr als die Hälfte aller Schüler kann mit dem Computer Musik komponieren.	☐	☐
C	Fast alle Schüler können mit ihrem Computer ins Internet gehen.	☐	☐
D	Nur wenige 10- bis 12-Jährige können Filme schneiden.	☐	☐
E	Das Programmieren fällt vielen Befragten schwer.	☐	☐
F	67 von 237 Mädchen und Jungen im Alter von 10 bis 12 nutzen Lernprogramme.	☐	☐

b **Welche Information aus der Tabelle steht nicht im Text? Notiere diese Information.**

5 **Im Text findest du mehrere Formulierungen, die typisch sind, wenn Tabellen beschrieben werden, z. B.:**
„... beherrschen dagegen jeweils nur weniger als 10 ...“
Schreibe weitere solcher Formulierungen heraus.
Tipp: Du kannst diese Formulierungen verwenden, wenn du die folgende Seite bearbeitest.

„Was kannst du alles mit dem Computer?" – Informationen vergleichen

1 **Worum geht es in dem folgenden Sachtext? Nutze für deine Antwort die folgenden Wortbausteine:**
geht es und Jungen In dem bei Mädchen im Alter um die Computerkenntnisse Sachtext von 10 bis 12 Jahren

Computerkenntnisse bei Mädchen und Jungen

1 Auf die Frage: „Was kannst du schon alles alleine mit dem Computer?" antworteten Jungen und Mädchen zum Teil sehr unterschiedlich.
2 Das Surfen im Internet beherrschen genauso viele Jungen wie Mädchen (jeweils 94 von 300 Befragten).
3 Während 86 Mädchen E-Mails alleine versenden können, gaben dies nur 79 Jungen an.
Auch beim Umgang mit Texten und Lernprogrammen führen die Mädchen gegenüber den Jungen (85 zu 76 bei Texten, 80 zu 77 bei Lernprogrammen).
Ebenfalls mehr Mädchen als Jungen können Präsentationen am Computer erstellen und bearbeiten.
4 Filme schneiden, Musik komponieren und programmieren hingegen wird von Jungen besser selbstständig beherrscht als von den Mädchen.

Computerkenntnisse von Mädchen und Jungen

10- bis 12-Jährige* (300 Befragte: 150 Jungen, 150 Mädchen)

Es können schon alleine ...	Mädchen	Jungen
... ins Internet gehen	94	94
... E-Mails versenden	86	79
... Texte erstellen und bearbeiten	85	76
... Lernprogramme nutzen	80	77
... Präsentationen erstellen und bearbeiten	60	57
... Filme schneiden	23	32
... Webseiten erstellen	19	26
... Musik komponieren	14	27
... programmieren	14	22

*Mehrfachnennungen möglich

2 **Ordne den Abschnitten 1 bis 4 des Sachtextes die passenden Zwischenüberschriften zu. Trage die Nummern 1 bis 4 ein.**

Zwischenüberschrift	Nummer
Mädchen und Jungen sind gleich gut	
Das können die Mädchen besser	
Thema der Untersuchung	
Das können die Jungen besser	

3 **Unterstreiche im Text Wörter, die ausdrücken, dass Informationen verglichen werden, z. B.:**
„... zum Teil sehr unterschiedlich" (Satz 1).

Verabschiedungen im Chat – Ein Balkendiagramm erstellen

1 **Formuliere in einem Satz, worum es in dem folgenden Text geht.**

In dem Sachtext geht es um ...

Umfrage – Bei Jugendlichen übliche Verabschiedungen im Internet

„Muss off schatzi, hdl!“ „Ida (Ich dich auch), digga BB“, so können Verabschiedungen in einem Internetchat lauten. An einer Kölner Schule wurden für einen Vergleich in einer Umfrage 100 Jugendliche im Alter von 14 bis 17 Jahren befragt.

Dabei haben 5 Jugendliche geantwortet, sie würden sich gar nicht in einem Chat verabschieden. Dagegen sagten 35, dass sie meist die Abkürzung „BB“ benutzen würden. Diese bedeutet bei der Hälfte der Befragten „Bis bald!“ 35 Jugendliche meinten, „BB“ stehe für „bye bye“, während die übrigen 15 die Abkürzung entweder nicht einordnen konnten oder sie mit „Bussi Bussi“ übersetzten.

Das auch in Briefen übliche „Tschüss“ bzw. „Tschüssi“ oder „Tschau“ verwenden zehn der Befragten. Der Gruß geht übrigens auf das niederländische „atschüss“ (oder „tjüs“) zurück. Als ein vom Spanischen „adiós“ her übernommener Gruß bedeutet die Verabschiedung übersetzt „zu Gott“.
Etwas weniger beliebt ist das italienische „ciao“, zu deutsch „Ihr Diener“. 8 Jugendliche nutzen ihn.
Und nur 6 Befragte verabschieden sich mit „bye“ oder „CU“ (see you: engl. für „wir sehen uns“).

Eine zusätzliche Abkürzung zur Verabschiedung setzt etwa ein Viertel der Befragten ein. Sie schreiben „hdl“ (hab dich lieb), „hel“ (hab euch lieb), „ld“ (lieb dich) oder „hdgdl“ (hab dich ganz doll lieb).

2 **Der Sachtext ist in drei größere Abschnitte unterteilt. Notiere über die Abschnitte Zwischenüberschriften.**

3
a **Markiere im Text die Umfrageangaben (Zahlen) und dazugehörige Verabschiedungen, z. B.: *BB*.**
b **Übertrage die Zahlen und Formeln in die Zeilen und Spalten der Tabelle.**
c **Wandle wie im Beispiel rechts die Zahlen in ein Balkendiagramm um: Eine Nennung entspricht 1 mm.**

Spalte ↓

	Verabschiedung	Zahlen	Balkendiagramm
Zeile →	*BB*	*35*	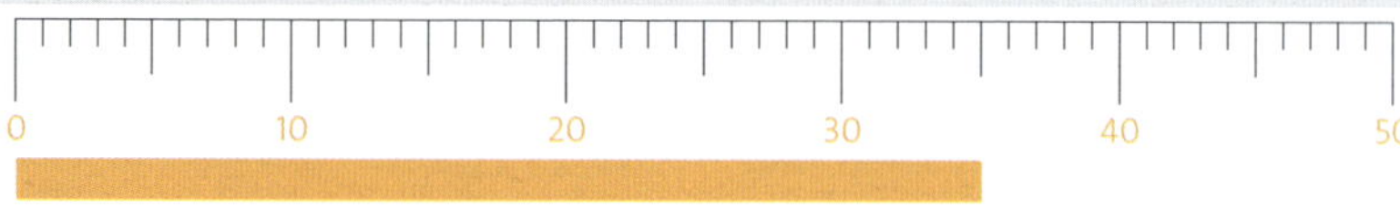
		10	
	„gar nicht“		
	zusätzliche Formeln		

Erzähltexte lesen und verstehen – Käpt'n Blaubär

Information **Merkmale von Lügengeschichten**

- Der **Erzähler von Lügengeschichten** will seine Zuhörer **nicht täuschen,** sondern **unterhalten.**
- Der Erzähler **übertreibt,** wo er kann, und gibt vor, die Ereignisse selbst erlebt oder gesehen zu haben.
- Meist wird eine Lüge nach der anderen erzählt. Man spricht von einer **Lügenkette.**
- **Oft steigern sich die Lügen:** Auf eine Übertreibung folgen immer größere Lügen.
- Der Erzähler **betont überdeutlich,** dass er die **Wahrheit** erzählt.

Bernhard Lassahn

Das Geheimnis der Wellenzwerge

Käpt'n Blaubär ist ein Meister darin, Lügengeschichten zu erfinden. Gern erzählt er sie seinen drei Enkeln, den Bärchen. In der folgenden Geschichte steht Käpt'n Blaubär mit den Bärchen am Meeresufer und träumt von alten Zeiten, als er noch zur See fuhr. Das Geräusch der Wellen bringt ihn auf die Idee, von den Wellenzwergen zu erzählen. Die Bärchen glauben ihm zunächst kein Wort, doch als ihr Opa beharrt er auf der Wahrheit seiner Erzählung. Er sagt:

„Mein eigen Fleisch und Blut bezichtigt mich der Lüge. [...] Das mir, und ausgerechnet jetzt, wo ich ihnen die spannende Geschichte von der Springflut und dem Sturz in den Vulkan erzählen wollte." [...]
Nun sind die Bärchen neugierig geworden. „Wir versprechen dir, dass wir dir jedes einzelne Wort glauben, wenn du uns die Geschichte erzählst." [...]
Opa erzählt. „Da war ich doch zusammen mit Hein Blöd auf Angeltörn im vulkanischen Ozean. Das ist nämlich die einzige Stelle, wo man die Fische gleich an Ort und Stelle braten kann. Man muss die Fische nur über einen Vulkan halten, das reicht. Und schmeckt gut. Es hätte so gemütlich werden können. Aber grad, als wir unser verdientes Mittagessen einspachteln wollten, brach die vermaledeite[1] Springflut los, packte unsern Kahn und schmiss uns direktemang[2] in den nächsten Vulkan. Zum Glück war der erloschen, so trudelten wir langsam mit unseren Segeln als Fallschirm den Schacht hinunter und landeten butterweich im Innern des Vulkans. [...]
Unten stand eine gewaltige Maschine. An der arbeiteten die Wellenzwerge und stellten die Wellen her. Für jeden Wellentyp gab's 'ne extra Taste. Wenn so ein Wellenzwerg da draufdrückte, stellte die Maschine die entsprechende Welle her und schoss sie durch ein unterirdisches Rohr direktemang an die Oberfläche: Kurzwellen, Dauerwellen, Langwellen, was eben so gerade gebraucht wurde. So wurden also die Wellen gemacht. Das war das große Geheimnis der Wellenzwerge. Aber das Geheimnis wollten die partout für sich behalten. Und als die Wellenzwerge uns entdeckten, sperrten die uns sofort in ein unterirdisches Gefängnis ein. Hinter dicke Gitter! Hein Blöd und ich sollten für immer Gefangene bleiben, damit wir das Geheimnis nicht ausplaudern konnten. [...]
Unser Glück war, dass in dem Moment der Vulkan mächtig zu rumpeln anfing. So mächtig, dass unsere Gitterstäbe auseinanderbrachen. Wir nutzten die Gunst der Stunde, Hein Blöd ging zur Wellenmaschine und drückte sämtliche Knöpfe gleichzeitig, damit löste er den größten Wellensalat aus, den die sieben Weltmeere jemals gesehen haben. Die Wellenzwerge waren so aus dem Häuschen, dass sie gar nicht mitkriegten, wie Hein und ich uns zu unserem Schiff zurückschlichen. Und dann brach der Vulkan richtig aus. Wie ein Korken aus der Flasche wurden wir nach draußen geschossen und landeten wieder im Wasser. Wir haben dann schleunigst die Segel gesetzt und uns aus dem Staub gemacht [...]"

1 **vermaledeit**: altes Wort für *verflucht, verwünscht*
2 **direktemang**: (Dialekt) *direkt, geradewegs, ohne Umschweife*

1 **Formuliere in deinem Heft: Worin besteht das Geheimnis der Wellenzwerge? Nutze Wörter wie:**
Maschine ***verschiedene Wasserwellen*** ***Taste*** ***unterirdisches Rohr*** ***Oberfläche***

2 **Lies Käpt'n Blaubärs Geschichte ein weiteres Mal (▶ S. 31).**
Nummeriere die folgenden Handlungsschritte der Geschichte in der richtigen Reihenfolge.

- ☐ Die Wellenzwerge entdecken die beiden und sperren sie ein.
- ☐ Der Vulkan schleudert Hein Blöd und Käpt'n Blaubär mit ihrem Schiff wieder nach draußen.
- ☐ Während eines Angeltörns geraten Hein Blöd und Käpt'n Blaubär durch eine gewaltige Flut in einen erloschenen Vulkan.
- ☐ Der Vulkan beginnt, wieder aktiv zu werden, und zerstört ihr Gefängnis.
- ☐ Käpt'n Blaubär und seine Enkel, die Bärchen, befinden sich am Meer.
- ☐ Sie entdecken: Im Innern des Vulkans arbeiten und leben Wellenzwerge, die mit einer Maschine die Wellen der Meere herstellen.
- ☐ Käpt'n Blaubär beginnt, den neugierig gewordenen Bärchen die Geschichte der Wellenzwerge zu erzählen.
- ☐ Hein Blöd bringt die Wellenzwerge außer Fassung. Er drückt auf alle Knöpfe der Wellenmaschine.

3 a **Kreuze an: Was dürfen die Bärchen glauben?**
Was ist an Käpt'n Blaubärs Geschichte eindeutig übertrieben und gelogen?

		gelogen	glaubhaft
A	Käpt'n Blaubär liebt das Leben am Meer.	☐	☐
B	Wellenzwerge erzeugen die Wellen der Weltmeere.	☐	☐
C	Es gibt eine Springflut und auch erloschene Vulkane.	☐	☐
D	Käpt'n Blaubär und Hein Blöd sind angeln gegangen.	☐	☐
E	Den vulkanischen Ozean gibt es tatsächlich.	☐	☐
F	Fische kann man über einem Vulkan ganz leicht grillen.	☐	☐
G	Flutwellen können Schiffe in das Innere eines Vulkans schleudern.	☐	☐

b **Notiere mindestens eine weitere Lüge Käpt'n Blaubärs. Schreibe in dein Heft.**

4 **Markiere in Käpt'n Blaubärs Geschichte typische Merkmale für eine Lügengeschichte (▶ Information), z. B.:**

- Der Erzähler betont, die Wahrheit zu sagen: „Mein eigen Fleisch ..."
- Der Erzähler gibt vor, die Geschichte selbst erlebt zu haben: „..."
- Der Erzähler übertreibt: ...
- ...

5 **Wie baut Käpt'n Blaubär seine Lügenkette auf? Ergänze die folgende Lügenkette in deinem Heft.**

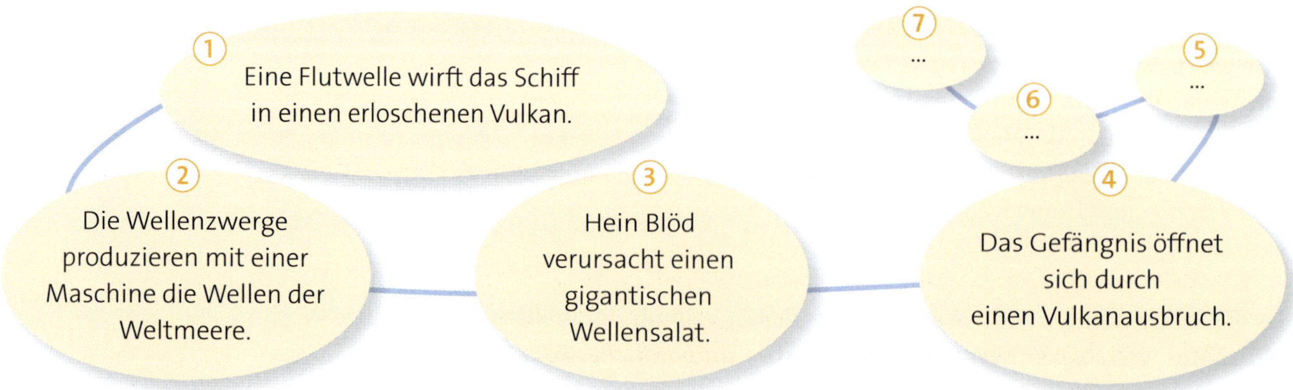

Der Äquator-Kontrolleur – Eine Lügengeschichte verstehen

1 a **Bringe die folgende Geschichte, die Käpt'n Blaubär seinen Enkeln erzählt, in die richtige Reihenfolge. Nummeriere die Abschnitte von 1 bis 3.**
b **Formuliere eine passende Bildunterschrift zur Abbildung.**

____

____

☐ Opa steckt sich erst mal in Ruhe seine Pfeife an. „Ihr habt doch bestimmt schon mal auf dem Globus so einen roten Strich gesehen. Genau. Das ist der Äquator. Der ist dafür da, dass man weiß, wo auf der Erde oben und unten ist. Na ja, da muss eben gelegentlich einer nachgucken, dass der immer noch schön gerade liegt. Und das war damals mein Job. Das kommt nämlich schon mal vor, dass der Äquator Beulen kriegt, wenn das Meer so unruhig ist. Gerade am Äquator ist das Meer oft sehr unruhig. Und da hab ich dann die Beulen wieder weggemacht."
„Du willst uns wohl verpiepeln?", fährt das rote Bärchen dazwischen. „Äquatorbeulen wegmachen?"
Das grüne Bärchen stöhnt und hält sich die Pfoten an den Kopf.
„Und ich bin der Förster vom Silberwald", sagt das gelbe Bärchen, das gerne solche Bemerkungen macht. Alles lassen die sich auch nicht erzählen. So leicht kann man den Kleinen keinen Bären aufbinden.

☐ [...] „Tja, das ist wohl damals gewesen", erzählt Opa Blaubär, „als ich noch als Äquator-Kontrolleur unterwegs war. Zu der Zeit hab ich den Hein Blöd [...] kennen gelernt."
„Äquator-Kontrolleur?", unterbrechen die Bärchen sofort. „Wie bitte? Äquator-Kontrolleur? Was soll das denn heißen?"

☐ Opa lässt sich nicht aus der Ruhe bringen. „Na, dann guckt doch mal da vorne auf den Globus. Ob ihr da eine einzige Beule auf dem Äquator findet. Na?"
Und er zeigt ihnen, wo der Globus steht. Als erfahrener Kapitän hat er natürlich einen Globus in der Wohnung, einen schönen, alten Globus mit einem rot eingezeichneten Äquator, der ohne eine einzige Beule rund um den Globus rumläuft. Das gucken sich die Bärchen noch mal aus der Nähe an.
„Tatsächlich."
„Schnurgerade das Ding."
„Das muss man ihm lassen." Die Bärchen geben sich zufrieden.
Sie gucken sich den Äquator genau an, aber da ist wirklich keine einzige Beule [...].

2 **Schlage die Wörter „Globus" und „Äquator" im Lexikon nach. Notiere eine knappe Worterklärung ins Heft.**

3 **Kreuze an, ob es sich um eine Lüge oder um die Wahrheit handelt.**

	gelogen	wahr
A Es gibt tatsächlich Äquator-Kontrolleure.	☐	☐
B Der Äquator ist auf dem Globus eingezeichnet.	☐	☐

4 a **Markiere die folgenden Textzitate farbig.**
„Äquator-Kontrolleur", „nachgucken, dass der immer noch schön gerade liegt", „dass der Äquator Beulen kriegt"

b **Ergänze den richtigen Buchstaben.** ***Die Textstellen zeigen, dass es eine Lügengeschichte ist, weil ...***
A ... schwierige Wörter, Namen oder Redewendungen verwendet werden.
B ... fortwährend Dinge und Ereignisse erzählt werden, die nicht wahr sein können.

Dummfisch und Flaschengeist – Eine Lügengeschichte verstehen

1 Stelle fest, welche Merkmale einer Lügengeschichte in dieser Käpt'n-Blaubär-Geschichte vorkommen.

a Durch welchen Satz betont Käpt'n Blaubär, dass er nur die Wahrheit sagt? Unterstreiche diesen Satz.

Opa Blaubär […] hat sich die Küchenschürze umgebunden, was nur äußerst selten vorkommt, und kocht gerade was Feines. […] „Was gibt's denn Leckeres?", fragt das kleine rote Bärchen.

„Dummfisch!", brummt Opa.

„Selber Dummfisch!", sagen die Bärchen im Chor: „Selber Dummfisch!"

„Na, na!" Opa schwingt den Kochlöffel. „Ich meine, es gibt Dummfisch zu essen. Eine seltene Delikatesse aus der Südsee. Schmackhaft und bekömmlich."

Das glauben die Bärchen nicht. […]

Opa lässt sich nicht stören. ,,Hein Blöd, reich mir doch bitte mal das Olivenöl."

[…] „Aye, aye, Käpt'n!", sagt er sofort. […]

„Ah, danke", sagt der alte Chefkoch und guckt sich die Flasche mal genauer an. „Ach, Hein, du Töffel!" Opa schlägt die Pfote an den Kopf. „Das ist doch kein Olivenöl. Das ist die Flasche mit dem Flaschengeist." […]

Nun werden die Bärchen wieder unruhig.

„Dummfisch und Flaschengeist", rätselt das rote Bärchen, „ich werde das Gefühl nicht los, man will uns hier auf die Schippe nehmen." […]

Was hat Opa da gehört? „Wie bitte? Vernehme ich da Stimmen des Zweifels an meiner Aufrichtigkeit?", fragt er empört. „Ich glaube, es bedarf da einiger Erläuterungen meinerseits, bis das Essen fertig ist." „Allerdings!", rufen die Bärchen im Chor.

„Tja, da war ich also eines schönen Tages auf Dummfischjagd in der Südsee." Opa rührt ein bisschen in der Bratpfanne und erzählt weiter. „Es gibt nichts Einfacheres als Dummfischjagen. Man braucht dafür nur ein Megafon. Dann ruft man so laut wie möglich: ‚Alle Mann unter Deck, es fängt an zu regnen!' Wenn die Dummfische das hören, springen sie scharenweise aus dem Wasser, direktemang in die Ladeluke. Tja, und dabei musste eines Tages irgendwie auch die Flasche mit dem Flaschengeist mit an Bord gekommen sein. Jedenfalls lag die bei all den Dummfischen dabei. Einen Flaschengeist hatte ich mir schon immer gewünscht. Denn wer einen Flaschengeist hat, hat drei Wünsche frei. Aber der hier wollte von Anfang an einfach nicht rauskommen. Das muss ein ganz besonderer Flaschengeist sein. Dem geht's in seiner Flasche ganz ausgezeichnet. Er hat Kabelfernsehen. Ein Wasserbett. Eine Miniatureisenbahn. Und einen eigenen Swimmingpool. Also absolut keinen Grund, aus seiner Flasche rauszukommen. Und so bin ich jetzt stolzer Besitzer des einzigen Flaschengeistes, der nicht aus seiner Flasche raus, sondern lieber drinbleiben will."

b Finde Textbeispiele für weitere Merkmale einer Lügengeschichte. Trage sie in die Tabelle ein.

Merkmale	Beispiele aus dem Text
Erzähler gibt vor, die Geschichte selbst erlebt zu haben.	
Erzähler übertreibt und bildet Lügenketten.	

Fabeln zu Bildern schreiben – Der aufgeblasene Frosch

Information **Die Fabel**

Eine **Fabel** ist eine **kurze, lehrhafte Erzählung.** Sie hat folgende Merkmale:

- Die **Figuren** in einer Fabel sind in der Regel **Tiere,** z. B.: *Fuchs, Rabe, Storch* usw. Die Tiere haben **menschliche Eigenschaften.** Sie **handeln und sprechen** wie Menschen.
- Zu **Beginn** einer Fabel treten mindestens zwei **Tiere mit gegensätzlichen Eigenschaften** auf. Das eine Tier versucht, das andere Tier **zu überlisten oder zu besiegen.** Das andere Tier reagiert dumm oder schlau.
- Am **Schluss** der Fabel ist oft eine **Lehre** formuliert. Der Leser soll etwas Wichtiges lernen, z. B.: *Wenn zwei sich streiten, freut sich der Dritte.*

1 **Was könnten die Frösche in der Bildergeschichte denken und sagen? Ordne die folgenden Aussagen den Gedanken- und Sprechblasen zu. Schreibe die Zahlen vor die Aussagen.**

☐ „Habe ich genug Luft geschluckt? Bin ich so groß wie der Ochse?

☐ „Nein! Du bist immer noch kleiner."

☐ „Bin ich jetzt so groß? Es kann doch nicht mehr viel fehlen."

☐ „Nein, noch immer nicht!"

☐ „Warum bin ich nicht so groß wie der Ochse? Aber ich kann mich aufblasen, dann werde ich so groß wie er."

2 **Welche Eigenschaften würdest du dem Frosch zuordnen, der sich aufbläst? Unterstreiche.**
übermütig angeberisch tapfer dumm faul klug prahlerisch unehrlich mächtig

3 **Formuliere die Lehre in deinem Heft. Bringe die Wörter in die richtige Reihenfolge.**
selten – Übermut – gut – tut

4 **Verfasse in deinem Heft den Anfang der Fabel. Beschreibe die Situation auf Bild 1. Geh darauf ein, worüber der Frosch nachdenkt, z. B.:**
Ein dicker Frosch hockte inmitten einer Schar kleiner Frösche auf einer Wiese. Da entdeckte er …, und er dachte …

5 **Betrachte die Bilder 2 und 3 und verfasse in deinem Heft den Hauptteil der Fabel. Erzähle, …**

- welchen Entschluss der Frosch fasst,
- was er danach macht und
- wie die kleinen Frösche auf seine Nachfragen reagieren.

Nutze diese Satzbausteine: ***Der große Frosch wollte unbedingt … Er beschloss … Er schluckte … und fragte die kleinen Frösche, ob … Diese verglichen ihn mit dem Ochsen und antworteten: „…" Daraufhin …***

6 **Betrachte Bild 4 und formuliere den Schluss der Fabel. Füge die von dir gewählte Lehre aus Aufgabe 3 hinzu, z. B.:**
Schließlich schluckte er noch etwas Luft und … Die Fabel lehrt …

Die beiden Ziegen – Eine Fabel zu Bildern schreiben

Bild 1

Bild 2

Bild 3

1 **Betrachte die Bilder. Worum geht es in der Fabel?**
Markiere alle zutreffenden Aussagen. Streiche alle falschen Aussagen durch.

Beide Ziegen wollen über den Fluss.

Sie kämpfen miteinander, denn keine der Ziegen möchte nachgeben und die andere zuerst vorbeilassen.

Die beiden Ziegen gehen zusammen spazieren.

Die Ziegen streiten sich. Sie verhalten sich stur und egoistisch.

Eine der beiden meint, sie sei zuerst da gewesen. Die andere meint, sie dürfe zuerst gehen, weil sie älter sei.

Die Tiere sind besonders mutig und verhalten sich intelligent und listig.

Die Ziegen einigen sich und die ältere Ziege darf zuerst gehen.

Am Ende siegt die Frechheit.

Die Fabel zeigt, dass man nicht immer gleich verzweifeln muss.

2 **Was könnten die beiden Ziegen im Streit sagen? Ergänze den Fabelanfang durch wörtliche Rede.**

Zwei Ziegen begegneten sich auf einer schmalen Brücke, die über einen reißenden Bach führte. Beide wollten hinüber. Die eine sagte: „

!“

Die andere Ziege rief erbost zurück: „

!“

Keine der beiden wollte nachgeben, jede wollte zuerst über die kleine Brücke.

3 **Erzähle, wie der Streit der beiden Ziegen weitergeht und endet. Diese Satzbausteine helfen dir:**

Es kam zu einem heftigen ... Die beiden Ziegen rannten ... Sie begannen ...
Krachend stießen sie gegeneinander, bis ...

4 **Wähle eine passende Lehre für die Fabel aus. Kreuze A, B oder C an:**

- ☐ A Wenn zwei sich streiten, freut sich der Dritte.
- ☐ B Es lohnt sich nachzugeben.
- ☐ C Einer hat immer Recht.

Die Mäuse und die Katzen – Eine Fabel zu Bildern schreiben

Die Mäuse und die Katzen (nach Äsop)

1 Betrachte die Bildergeschichte. Beschreibe in Stichworten die Situation, die Reaktion und die Folgen.

Situation	*Reaktion/Folgen*
■ *Mäuse befinden sich im Krieg gegen* ________ .	■ *Anführer-Mäuse zeigen sich* ________ .
■ *Mäuse halten Rat. Sie stellen fest, dass* ________ ________ .	■ *Im nächsten Kampf jedoch* ________ ________ .
■ *Sie beschließen,* ________ .	■ *Anführer-Mäuse* ________ .

**2 Formuliere mit Hilfe der folgenden Wörter eine Lehre zu dieser Fabel.
Streiche zuerst unpassende Wörter: *Übermut, Stärke, Eitelkeit, Liebe, Freundschaft, Grund, Unglück*.**

____

____

3 a Schreibe mit Hilfe deiner Vorarbeiten die Fabel in dein Heft. Beachte die Fabelmerkmale (▸ S. 35).
b Prüfe anhand folgender Punkte, ob du an alle wichtigen Punkte gedacht hast. Überarbeite deinen Text.

Checkliste

- Folgt meine Fabel der Reihenfolge der Bilder?
- Stimmt die Beschreibung der Handlung mit den Bildern überein?
- Habe ich wörtliche Rede verwendet, um die Fabel lebendiger zu gestalten?
- Stimmt die Zeichensetzung bei der wörtlichen Rede?
- Wird deutlich, wie die Mäuse die Katzen überlisten wollen und dass es ihnen am Ende nicht ganz gelingt?
- Habe ich am Ende meiner Fabel eine Lehre formuliert? Passt die Lehre zur Handlung?

4 Notiere, worin sich diese Fabel und die Fabel „Der aufgeblasene Frosch“ (▸ S. 35) ähneln.

____

Ein Gedicht gestaltend vortragen – Das Wasser

Methode | **Wirkungsvoll vortragen**

Damit man dir gern und aufmerksam zuhört, musst du auf folgende Punkte achten:
- **Aussprache:** Sprich deutlich!
- **Lesetempo:** Lies nicht zu schnell und nicht zu langsam, setze Pausen gezielt ein. Markiere die Pausen im Text durch einen senkrechten Strich I.
- **Stimme:** Du kannst die **Stimme heben** (höher sprechen) **oder senken** (tiefer sprechen). Markiere das durch Pfeile: **Stimme heben:** ↗ **Stimme senken:** ↘ Du kannst auch **lauter oder leiser** werden.
- **Betonung:** Lies wichtige Wörter besonders bedeutungsvoll. Umrahme sie.

1 a Lies das Gedicht mehrfach leise durch.
b Ordne die 6 nebenstehenden Abbildungen den passenden Versen des Gedichtes zu. Ziehe Pfeile.

2 Übe, Strophe 1 laut vorzulesen. Betone die unterstrichenen Wörter besonders (▸ Methode).

James Krüss

Das Wasser

Vom Himmel fällt der Regen,
↘
und macht die Erde nass |,
↗
die Steine auf den Wegen
↘
die Blumen und das Gras.

Die Sonne macht die Runde
in altgewohntem Lauf
und saugt mit ihrem Munde
das Wasser wieder auf.

Das Wasser steigt zum Himmel
und wallt dort hin und her,
da gibt es ein Gewimmel
von Wolken, grau und schwer.
[...]

3 Bearbeite nach dem Beispiel von Strophe 1 die Strophen 2 und 3.
a Bei welchen Wörtern willst deine Stimmen heben oder senken? Markiere sie durch Pfeile (↗ ↘).
b Welche Wörter willst du lauter oder leiser sprechen? Unterstreiche sie.
c Gibt es Wörter, die du auf ganz besondere Art lesen und hervorheben willst? Umrahme sie.

4 Lerne das Gedicht für den Vortrag auswendig. Stütze dich dabei auf deine Ergebnisse aus Aufgabe 3.

5 Probe deinen Gedichtvortrag vor einer Freundin, einem Freund oder vor deinen Eltern.
Tipp: Vielleicht kannst du dich auch aufnehmen, während du den Gedichtvortrag übst.

Das kann ich schon! – Wortarten, Zeitformen, Sätze

1 a Ergänze in den Sätzen A bis D das Nomen „der Pinguin" jeweils im richtigen Fall (Kasus).

Im Sommer 2011 entdeckten Spaziergänger in Neuseeland einen Pinguin.
Diese Tiere leben eigentlich 3000 Kilometer weit entfernt in der Antarktis.

A Tatsächlich hatte es ______________________ geschafft,

diese weite Strecke zurückzulegen.

B Das Auftauchen ______________________ sorgte bald für Schlagzeilen.

C Währenddessen machten sich die neuseeländischen Behörden darüber Gedanken, wie sie __________

______________ wieder in seine Heimat bringen könnten.

D Vermutlich ist es ______________________ dann aber gelungen, von alleine nach Hause zu schwimmen.

b Bestimme den jeweiligen Fall der eingesetzten Nomen. Unterstreiche farbig: Nominativ grün, Genitiv blau, Dativ gelb, Akkusativ schwarz.

c Untersuche den Satz *„Im Sommer entdeckten Spaziergänger in Neuseeland einen Pinguin"*. Trage die Anzahl der jeweiligen Wortart in die folgende Liste ein.

PUNKTE

☐ Nomen ☐ Verb/en ☐ unbestimmter Artikel ☐ Adjektiv/e ☐ Präposition/en

2 Sag es besser! Die im folgenden Text durchgestrichenen Nomen und Artikel kannst du durch ein Personalpronomen ersetzen. Notiere ein passendes Personalpronomen darüber.

PUNKTE

Tiere der Antarktis

Die Weddellrobbe wird bis 600 kg schwer. ~~Die Weddellrobbe~~ hat eine zehn Zentimeter dicke Fettschicht. Sturmvögel sind Meeresvögel. Ein dichtes Gefieder und Schwimmhäute sind typisch für ~~die Sturmvögel~~. Einige Wale leben in antarktischen Gewässern. Zum Atmen kommen ~~die Wale~~ an die Wasseroberfläche. Pinguine können sehr schnell schwimmen. Unter Wasser gelingt es ~~den Pinguinen~~, lange die Luft anzuhalten.

3 Grundstufe, Steigerungsstufe oder Höchststufe? Ergänze „groß" in der richtigen Form.

PUNKTE

Der Wal ist ______________________ als ein Pinguin.

Im Vergleich zu Pinguin und Weddellrobbe ist der Wal ______________________.

4 Unterstreiche im Folgenden die 5 Präpositionen.

PUNKTE

Der Pinguin springt in das eiskalte Wasser. Tief unter den Eisschollen jagt er Fische. Einige kann er mit seinem Schnabel fangen. Mit seiner Beute klettert er wieder auf das Eis.

5 **a Ergänze in der Zeitungsmeldung die in Klammern gesetzten Verben im richtigen Tempus.** PUNKTE

(1) Am vergangenen Wochenende ______________ *(stranden)* zwei Zwergpottwale in einer Bucht in Neuseeland. (2) Wenn Wale ______________ *(stranden)*, drohen sie auf Grund ihres großen Gewichtes zu ersticken. (3) Am Strand ______________ *(versuchen)* Tierschützer am Samstag, beiden Walen zu helfen, was ihnen leider nicht ______________ *(gelingen)*. (4) Ein Delfin ______________ *(helfen)* schließlich den Walen und ______________ *(zeigen)* ihnen den Weg zurück ins Meer. (5) „Moko", wie der Delfin genannt wird, __________ *(sein)* gar nicht menschenscheu. (6) Viele hoffen nun, dass er sich irgendwann einmal wieder ______________ *(zeigen)*.

b Bestimme für die Sätze (1) bis (6) das Tempus. Ergänze: Präsens (Präs.), Präteritum (Prät.), Futur (Fu.). PUNKTE

Satz (1): _____ Satz (2): _____ Satz (3): _____ Satz (4): _____ Satz (5): _____ Satz (6): _____

c Bestimme, ob es sich bei den von dir eingesetzten Verben um starke oder schwache Verben handelt. Markiere sie in zwei verschiedenen Farben, z. B. starke Verben grün, schwache Verben gelb. PUNKTE

6 **a Stelle die Satzglieder des folgenden Fragensatzes so um, dass ein Aussagesatz entsteht.** PUNKTE

Rettete gestern ein Delfin zwei Walen in Neuseeland das Leben?

____

b Bezeichne alle Satzglieder und unterstreiche sie in unterschiedlichen Farben. PUNKTE

7 **a Verknüpfe die zwei Sätze von A und B mit Hilfe der Verknüpfungswörter in Klammern zu je einem Satz.** PUNKTE

A (1) Viele halten Delfine für Fische. (2) Sie leben im Wasser. (weil)

____

B (1) Delfine sind besonders intelligent. (2) Sie lernen sehr schnell. (und)

____

b Welcher Satz wurde durch deine Verknüpfung zu einer Satzreihe, welcher zu einem Satzgefüge? Kreuze an. PUNKTE

Satz A wurde durch die Verknüpfung ☐ zu einem Satzgefüge ☐ zu einer Satzreihe.

Satz B wurde durch die Verknüpfung ☐ zu einem Satzgefüge ☐ zu einer Satzreihe.

8 **Prüfe deine Lösungen und die Punktzahl mit Hilfe des Lösungsheftes (► S. 11).** PUNKTE

Wortarten – Auf Entdeckungsreise

Nomen erkennen und verwenden

Information **Nomen (Hauptwörter) und Artikel**

- Mit **Nomen** werden **Dinge, Lebewesen, Gedanken und Ideen** bezeichnet. Nomen werden **großgeschrieben**.
- Nomen werden häufig von **bestimmten Artikeln** *(der, die, das)* oder **unbestimmten Artikeln** *(ein, eine, ein)* begleitet.
  Der Artikel richtet sich nach dem **grammatischen Geschlecht** (nach dem **Genus**), z. B.:
  Maskulinum: *der/ein Elefant*, Femininum: *die/eine Schlange*, Neutrum: *das/ein Krokodil*.
- Nomen stehen entweder in der Einzahl (Singular) oder in der Mehrzahl (Plural), z. B.:
  der/ein Wolf – die/ - Wölfe, die/eine Robbe – die/ - Robben, das/ein Krokodil – die/ - Krokodile.

1 a **Raubtier gesucht! Um welches Tier aus dem Wortspeicher geht es in dem Text? Notiere es als Überschrift.**

Wortspeicher

das/ein Spitzkrokodil der/ein Python der/ein Marienkäfer die/eine Schneeeule der/ein Berglöwe der/ein Skorpion die/eine Vogelspinne der/ein Riesenkrake der/ein Eisbär

____

Langsam und lautlos schleicht sich das Insekt an seine wehrlosen Opfer heran. Nur manchmal, wenn sie Glück haben, werden die Blattläuse von Ameisen gegen das Tier beschützt. Der Täter hat es jeden Tag auf hunderte hilflose Opfer abgesehen. Das Raubtier, das mit dem gepunkteten Mantel hübsch und harmlos aussieht, ist eigentlich ein Glücksbringer.

b **Der Name des Tiers wird im Text nicht genannt. Es wird aber durch 5 andere Nomen bezeichnet. Schreibe die 5 verschiedenen Nomen mit ihren Artikeln auf.**

das In... _______________

____

c **Bestimme bei den Nomen im Wortspeicher und den Nomen in Aufgabe 1b das grammatische Geschlecht. Markiere in unterschiedlichen Farben: Maskulinum: gelb, Femininum: blau, Neutrum: grün.**

2 a **Singular oder Plural? Ergänze die Nomen in Klammern in der richtigen Form.**
b **Unterstreiche alle Pluralendungen. Welches Nomen verändert sich im Plural nicht? Markiere es farbig.**

A Aus einem norwegischen Zoo wurde ein _______________ *(das Krokodil)* gestohlen.

B Neulich entdeckte man: _______________ *(die Schlange)* hatten früher Beine.

C Ein Schiffbrüchiger erzählte: „Zwei _______________ *(der Delfin)* retteten mir das Leben!"

D Die Presse berichtet: Ameisen schlagen Meute gefräßiger _______________ *(der Esel)* in die Flucht.

Information **Die vier Fälle des Nomens – Die Kasus (Einzahl: der Kasus)**

In Sätzen erscheinen Nomen immer in einem bestimmten **Fall** (in einem **Kasus**).

1. Fall: **Nominativ**	**Wer/Was** ermöglicht ...?	***Die Idee*** *der Tierschützer ermöglicht den Krokodilen das Überleben.*
2. Fall: **Genitiv**	**Wessen** Idee ...?	***der Tierschützer***
3. Fall: **Dativ**	**Wem** ermöglicht ...?	***den Krokodilen***
4. Fall: **Akkusativ**	**Wen/Was** ermöglicht ...?	***das Überleben***

3 **a Ergänze „Krokodil" im richtigen Fall. Streiche in den Klammern alle unpassenden Nomen durch.**

Hilfe für Riesenechsen

Eine Schönheitskönigin ist ______________________

(dem Krokodil, das Krokodil, des Krokodils) nicht.

Trotzdem schmückt das Bild ______________________

(dem Krokodil, das Krokodil, des Krokodils) T-Shirts, Pullis und

Hosen einer bekannten Bekleidungsfirma.

In der Wildnis findet man ______________________

(dem Krokodil, das Krokodil, des Krokodils) nicht mehr oft.

Erst machten ihm Wilderer zu schaffen. Heutzutage werden

die Feuchtgebiete ausgetrocknet. Tierliebhaber wollten ______________________

(dem Krokodil, das Krokodil, des Krokodils) helfen. Sie baten die Bekleidungsfirma um Spenden – mit Erfolg!

b Stelle den Fall (Kasus) der Nomen fest, die du eingesetzt hast.
Schreibe für jeden Satz eine passende Frage auf und notiere den Fall, z. B.:

Wer/Was ist keine ... ? = Nominativ

____

____

____

____

Adjektive verwenden

Information **Adjektive (Eigenschaftswörter) und ihre Steigerungsstufen**

- **Adjektive** dienen dazu, Personen, Dinge usw. genauer zu beschreiben, z. B.: *der schwere Braunbär.*
- Bei **Vergleichen** verwendet man die **Steigerungsstufen,** z. B.:

Grundstufe (Positiv)	*schnell*	*Ein Löwe ist etwa* ***so schnell wie*** *eine Gazelle.*
Steigerungsstufe (Komparativ)	*schneller*	*Ein Windhund ist* ***schneller als*** *ein Löwe.*
Höchststufe (Superlativ)	*am schnellsten*	*Der Gepard ist* ***am schnellsten****.*

1 **Eigenschaften gesucht! Trage mit Hilfe des Wortspeichers passende Adjektive in die folgende Tabelle ein.**
Tipp: Manchmal passen mehrere Adjektive. Manche passen gar nicht.

Wortspeicher

~~schwer~~ wuchtig schnell klein zierlich laut lahm alt bissig langsam jung leicht gefährlich massig zahm groß wild hoch flach winzig glatt faul langweilig flott kurz

	Tierische Rekorde	Passende Adjektive
Gewicht	der Blauwal: 190 000 kg 	*schwer, …*
Größe (Säugetiere)	die Hummel-fledermaus: 3 cm 	
Geschwindigkeit (Säugetiere)	das Faultier: 120 m in der Stunde 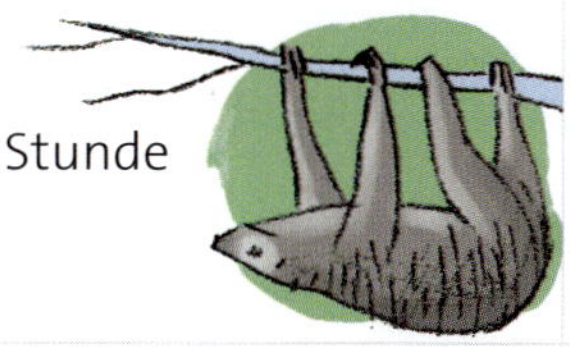	
Alter	der Riesenschwamm: 10 000 Jahre 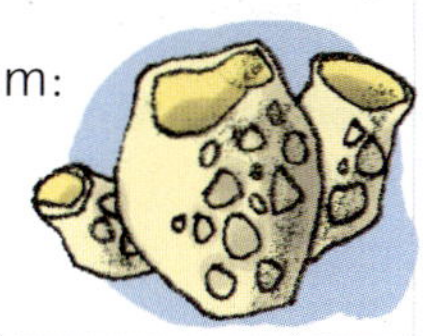	

2 **Beschreibe die Rekorde in deinem Heft: Formuliere zu den Rekorden ganze Sätze, z. B.:**

Der Blauwal ist mit 190 000 kg am schwersten. Mit 3 cm ist die …

3 **Vergleiche die Tiere in der Tabelle mit anderen, die du kennst.**
Tipp: Bei Vergleichen auf der Grundstufe gebraucht man *wie*, bei Vergleichen auf der Steigerungsstufe *als*.
Notiere in deinem Heft sinnvolle Sätze, z. B.: *Viel schneller als das Faultier ist der Gepard. Eine Hummelfledermaus ist halb so groß wie ein Kolibri. Im Vergleich zum … ist der…*

Präpositionen verwenden

Information **Die Präposition (Verhältniswort, Mehrzahl: die Präpositionen)**

- Wörter wie *in, auf, nach, vor, mit, seit* nennt man **Präpositionen.** Sie bezeichnen genauer:

	den Ort	die Zeit	den Grund, Zweck	die Art und Weise
Frage	Wo? Wohin?	Wann? Wie lange?	Warum? Wozu?	Wie?
Beispiel	***unter*** *dem Baum*	***vor*** *der Reise*	***wegen*** *der Sonne*	***mit*** *großer Verspätung*

- Die Frage ***Wo?*** wird mit dem **Dativ** beantwortet, die Frage ***Wohin?*** mit dem **Akkusativ**, z. B.:
__Wo__ stehst du? Ich stehe unter __dem__ Baum. (Dativ)
__Wohin__ läufst du? Ich laufe unter __den__ Baum. (Akkusativ)

1 **Gut versteckt!**

a **Gib mit Hilfe passender Präpositionen an, *wo* sich die 4 Tiere im Bild befinden. Schreibe in dein Heft, z. B.:**
Auf dem Baum sieht man … Hinter dem …

b ***Wohin*** **sind die Tiere jeweils gekrabbelt, geklettert …? Notiere passende Sätze in dein Heft. Beachte den Akkusativ, z. B.:** *Der/Die/Das … ist auf den Baum geklettert. Der … ist hinter den …*

2 **Bilde sinnvolle Schlagzeilen. Setze in die Lücken passende Präpositionen aus dem Wortspeicher ein.**

Wortspeicher
durch ~~vor~~ mit vor für nach in vor durch an vor

Wal *vor* sicherem Tod gerettet!

Wissenschaftler sucht ________ ausgestorbenen Arten!

Weißer Hai ________ Italiens Küste gesichtet!

Forscher beweisen: Affen lernen ________ Nachahmung!

Mehr Schutz ________ seltene Arten!

Wilde Wölfe ________ der Stadt gesichtet!

Tigermotte vertreibt Fledermäuse ________ Gebrüll!

Unbekannte Tierart: Forscher stehen ________ einem Rätsel!

Gefiederte Flaschenöffner – Nomen, Adjektive, Präpositionen

1 ●○○ **a Setze aus dem Wortspeicher passende Nomen in den Lückentext ein, sodass der Text Sinn ergibt.**
Tipp: Die Artikel brauchst du nicht zu übernehmen, wenn du die passenden Nomen einsetzt.

Wortspeicher

das Frühstück die Milch das Wissen der Deckel der Trick die Zeit ~~der Lieferant~~ die Tür

Gefiederte Flaschenöffner

Vor hundert Jahren stellte jeder *Lieferant* in Großbritannien die bestellten Milchflaschen einfach offen vor die ______. Meisen und Rotkehlchen konnten ganz leicht den Rahm von der ______ schlürfen und sich so ein leckeres ______ sichern. Für die Rotkehlchen endete dieses Schlemmerleben, als die Flaschen mit einem ______ versehen wurden. Die Meisen allerdings lernten, wie man die Verschlüsse aufpicken konnte. Anfang der 1950er-Jahre beherrschten fast alle der gut eine Million Meisen den ______. Zwar kam mit der ______ auch das eine oder andere Rotkehlchen dahinter. Es gelang ihnen aber nicht, ihr neues ______ an ihre Artgenossen weiterzugeben. Nur die Meisen konnten ihr Frühstück in gewohnter Weise fortsetzen.

●○○ **b Ordne die von dir eingesetzten Nomen in die folgende Tabelle ein.**
Notiere sie mit bestimmtem und unbestimmtem Artikel.

c Ergänze in jeder Tabellenspalte ein eigenes Nomen. Notiere diese mit bestimmtem und unbestimmtem Artikel.

Dinge	Lebewesen/Personen	Gedanken und Ideen
	der/ein Lieferant	*der/ein Trick*

2 ●○○ **Vergleiche wie im Text zu Aufgabe 1 Rotkehlchen und Meisen.**
Notiere mit Hilfe der folgenden Begriffe sinnvolle Sätze in dein Heft. Steigere dazu die Adjektive.

Meisen frühstücken einfallsreich Rotkehlchen Meisen lernen schnell Rotkehlchen

3 ●○○ **Streiche in den folgenden Sätzen A bis C die unpassenden Präpositionen durch.**

A Vogelforscher *(seit, in, neben, mit)* England machen eine erstaunliche Entdeckung.
B Meisen sind *(von, unter, bei, aus)* der Nahrungssuche sehr erfinderisch.
C Gelerntes Wissen wird *(aus, neben, nach, an)* Artgenossen weitergegeben.

Fremdsprachen unter Wasser – Nomen, Adjektive, Präpositionen

1 ●●● **a Bestimme in dem folgenden Text den jeweiligen Fall der hervorgehobenen Nomen. Unterstreiche die Nomen so: Nominativ gelb, Genitiv grün, Dativ blau, Akkusativ orange.**

Fremdsprachen unter Wasser

Wale verständigen sich unter Wasser mit einer Sprache. Forscher, die die **Wale** beobachteten, stellten fest: Die Sprache der **Wale** kennt eine Vielfalt wie die der Menschen. Wale, die sich vor der Küste Kanadas anderen **Walen** mitteilen, verständigen sich anders als die Wale vor der Küste Neuseelands. Der Unterschied ist so stark wie bei uns Menschen zwischen dem Deutschen und dem Japanischen.

b Ersetze einige der markierten Nomen durch passende aus dem Wortspeicher, sodass der Text abwechslungsreicher wird. Schreibe das neue Nomen im richtigen Fall über das bisherige Nomen.
Tipp: Nicht alle Nomen aus dem Wortspeicher passen.

Wortspeicher

das Dickerchen der Meeressäuger
das Raubtier der Meeresriese
der Meeresgigant das Muskelpaket
der Fisch der Wasserriese Artgenossen

2 ●●● **a Durch welche Adjektive können die Eigenschaften der Wale im Text zu Aufgabe 1 deutlicher werden? Überlege dir passende Adjektive und notiere sie in die Zeile darüber.**
b Überarbeite den Text und schreibe ihn neu auf, z. B.:

Wale verständigen sich unter Wasser mit einer intelligenten Sprache. Aufmerksame Forscher, die ...

3 ●●● **Bilde aus den folgenden Informationen einen Satz mit möglichst vielen Präpositionen.**

April 2012 Nordpazifik entdeckten zwei Schwertwale Wasseroberfläche Tierschützer Forschungsstation

Personalpronomen und Possessivpronomen verwenden

Information **Personal- und Possessivpronomen (Fürwörter)**

Pronomen können ***für* Nomen** stehen, sie ersetzen oder begleiten.
- **Personalpronomen** sind: *ich, du, er/sie/es, wir, ihr, sie.*
  Sie treten in verschiedenen Fällen auf, z. B.: *ich* (Nominativ), *mir* (Dativ), *mich* (Akkusativ).
- **Possessivpronomen** sind z. B.: *mein, dein, sein/ihr, unser, euer, ihr.* Man nennt sie auch **besitzanzeigende Fürwörter.** Sie begleiten meist Nomen, z. B.: ***mein** Rucksack, **unsere** Reise.*

1 **Jemand hat sich zu einem berühmten Abenteurer Notizen gemacht. Wichtige Informationen hat er vergessen.**
a **Unterstreiche in den Notizen A, B, C das jeweilige Personalpronomen.**

A Es war 1881 gesunken.
B Ihm fiel etwas Ungewöhnliches ein.
C Ihn wollte der Abenteurer unbedingt erreichen.

b **Finde mit Hilfe des folgenden Textes heraus, wer oder was in den Notizen A, B, C gemeint ist. Schreibe ins Heft.**

Im Packeis

Im Jahr 1884 gab das grönländische Eis Wrackteile der „Jeanette" frei. Das Schiff war drei Jahre zuvor gesunken – vor der Küste Sibiriens, über 5000 Kilometer jenseits des Fundortes!
Der Norweger Fridtjof Nansen (1861–1930) hatte daraufhin eine Idee: Wenn Wrackteile mit der Eisdrift von Osten nach Westen gelangen, müsste er sich einfach nur samt Schiff einfrieren und treiben lassen. Er würde so ganz automatisch den Nordpol erreichen und zugleich Erkenntnisse über die Strömungen des Polarmeeres gewinnen.

2 **a** **Lies die Fortsetzung des Textes.**
Ersetze die markieren Wörter durch Personalpronomen und vermeide dadurch Wortwiederholungen.
b **Kennzeichne mit Hilfe eines Pfeils, worauf sich das Personalpronomen jeweils bezieht.**

... Fridtjof Nansen war von seiner Idee begeistert. Kritiker hielten Fridtjof Nansen für verrückt.

Doch Nansen ließ einen Dreimaster entwerfen. Der Dreimaster konnte nicht vom Eis zerdrückt werden.

1893 ließen sich Nansen und sein Team mit dem Schiff einfrieren. Nansen und sein Team trieben drei Jahre durchs Eis und am Pol vorbei.

3 **Ergänze in den Sätzen A und B passende Possessivpronomen.**

A Fridtjof Nansen hatte eine Idee. Es war ______________ Idee.

B Ein Team begleitete Nansen. Es war ________ Team.

Demonstrativpronomen verwenden

Information **Demonstrativpronomen (hinweisende Fürwörter)**

- **Demonstrativpronomen** sind: *dieser, diese, dieses* ● *jener, jene, jenes* ● *der, die, das* (mit besonderer Betonung) ● *derselbe, dieselbe, dasselbe* ● *solcher, solche, solches ...*
- **Demonstrativpronomen weisen** besonders **deutlich auf eine Person oder Sache** hin, z. B.: *Die Forscher nahmen **besondere Schlafsäcke** mit. **Diese** schützten sie vor der Kälte.*
- Manchmal beziehen sich die Demonstrativpronomen auch **auf ganze Sätze**, z. B.: ***Das Wetter änderte sich plötzlich und ein Sturm zog auf. Das/Dies** brachte alle Pläne durcheinander.*
- Nutzt man ***dieser*** und ***jener*** gemeinsam, bezieht sich ***dieser*** auf das **zuletzt genannte Wort,** z. B.: ***Lea** und **Mike** halten einen Vortrag über Polarexpeditionen. Während **dieser** vorträgt, zeigt **jene** dazu Bilder.*

1 a An welchen Stellen des folgenden Textes kannst du die Sätze A, B, C sinnvoll einfügen? Schreibe den Buchstaben wie im ersten Beispiel dahinter.

A Während diese Überlebensstrategien entwickelten, kamen jene häufig an ihre Grenzen.
B Dies hat dazu geführt, dass die Regionen nie vollständig von Menschen erobert wurden.
C Dieser ermöglicht ein bequemeres Leben.

Leben am Pol

Die Polarregionen sind bekannt für eine mörderische See, ein unberechenbares Klima und ein unwirtliches Gelände. B
Sehr unterschiedlich sind europäische Forscher und Ureinwohner in der Geschichte mit den Herausforderungen dieser Regionen umgegangen. ___
Heute hat der technische Fortschritt auch die Arktis und Antarktis erreicht. ___

b Schreibe den Text neu auf. Ergänze die Sätze A, B und C.

c Markiere im Text alle Demonstrativpronomen. Kennzeichne mit Hilfe eines Pfeils, worauf sie sich beziehen.
Tipp: Das Demonstrativpronomen kann sich auf eine Person, Sache oder auf einen ganzen Satz beziehen.

Die Polarregionen sind bekannt für eine mörderische See, ein unberechenbares Klima und ein unwirtliches Gelände. Dies hat dazu geführt, dass ...

Verben verwenden

Information **Das Verb (das Tätigkeitswort; Plural: die Verben)**

- Mit **Verben** gibt man an, **was jemand tut oder was geschieht,** z. B.:
  Der Mann ***steuert*** *den Schlitten. Die Gruppe* ***macht*** *eine Pause. Das Team* ***bespricht*** *den Tagesablauf.*
  Der Schnee ***fällt.*** *Das Wasser* ***fließt.*** *Die Blätter* ***rascheln.***
- Oft verändern Verben im Satz ihre Form. Sie richten sich nach dem Wort, auf das sie sich beziehen. Man nennt diese Form **Personalform,** z. B.: ***Die Eisbären*** *kämpf**en**.* ***Der Eisbär*** *kämpf**t**.*
- Die **Veränderung** der Verben im Satz nennt man **Konjugation** oder **Beugung.**
  Achte auf die **Personalendungen,** z. B.:

	Singular (Einzahl)	Plural (Mehrzahl)
1. Person	*ich entdecke*	*wir entdecken*
2. Person	*du entdeckst*	*ihr entdeckt*
3. Person	*er/sie/es entdeckt*	*sie entdecken*

1 **Wähle jeweils ein Verb aus den Klammern und erzähle eine eigene Geschichte über den Polarforscher. Bilde die richtige Personalform und schreibe den Satz neu auf.**

Ein Polarforscher ... übers ewige Eis. *(wandern, rennen, schleichen, klettern)*

____

Er ... *(schweigen, singen, lachen, nachdenken)*

____

In der Ferne ... das Forschungsschiff „Nordstern“. *(ankern, schwimmen, liegen, leuchten)*

____

Zwei Männer ... auf dem Schiff. *(winken, rufen, laufen, stehen)*

____

Der Polarforscher ... *(zurückwinken, anhalten, zurückrufen, hinlaufen)*

____

2 **Ergänze das Verb „sehen“ in der richtigen Personalform.**

In der Arktis

Ich sehe einen Eisbären auf einer Eisscholle. Du ______________ eine Robbe im Wasser.

Einer aus dem Team ______________ einen Eisberg. Wir ______________ ein Schiff am Horizont.

Ihr ______________ aus dem Fester. Die beiden Mitreisenden ______________ uns an Deck.

3 **Auf einem Forschungsschiff wird immer ganz Unterschiedliches getan.**
a **Ordne jedem Schiffsbereich passende Verben aus dem Wortspeicher zu.**
b **Finde für jeden Bereich ein weiteres passendes Verb.**

Wortspeicher

kochen reparieren schneiden steuern vorbereiten schwimmen anweisen tauchen entscheiden funken testen aufschreiben kraulen beobachten prüfen verstehen schrauben auswechseln plantschen würzen

Küche/Kombüse

____

____

____

____

Brücke/Kommandostation

____

____

____

____

Schwimmbad

____

____

____

____

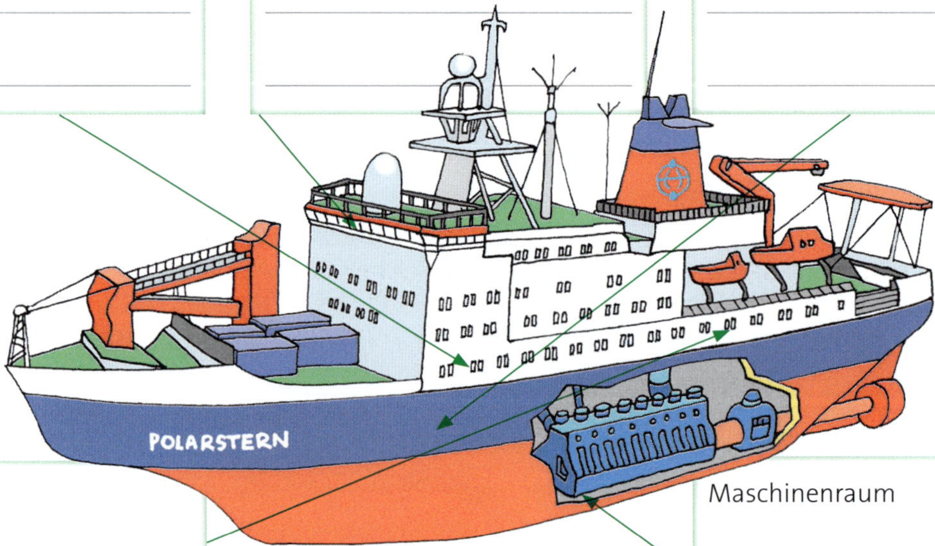

Labor

____

____

____

____

Maschinenraum

____

____

____

____

4 **Ergänze in den Sätzen A bis E passende Verben aus Aufgabe 3. Achte auf die richtige Personalform.**

A In der Küche ______________________ die beiden Köche leckeres Essen.

B Der Ingenieur ______________________ im Maschinenraum eine kaputte Leitung.

C Auf der Brücke ______________________ der Kapitän das Schiff.

D Im Labor ______________________ zwei Wissenschaftler einen Versuch __________.

E Eine Forschergruppe ______________________ im Schwimmbad.

Teste dich!

Wortarten

1 **a Kreuze an: Welches Pronomen kann jeweils das unterstrichene Nomen in den Sätzen A bis F ersetzen?** PUNKTE

A Narwale leben unter dem arktischen Eis. ☐ *Ihr* ☐ *Sie* ☐ *Ihnen* halten sich gerne im eisigen Wasser auf.

B Die Wale jagen im Team. So gelingt es ☐ *sie* ☐ *uns* ☐ *ihnen*, große Fischschwärme zusammenzutreiben.

C Narwale halten sich gerne im Polarmeer auf. ☐ *Dieser* ☐ *Dieses* ☐ *Jenen* hält sie sogar warm.

D Die Wale haben ein besonderes Aussehen. Man erkennt ☐ *sie* ☐ *ihnen* ☐ *er* am langen Horn.

E Das Horn wirft Fragen auf. Über ☐ *ihre* ☐ *seine* ☐ *unsere* Funktion wird gerätselt.

F Narwale durchbrechen dicke Eisflächen. ☐ *Solcher* ☐ *Jene* ☐ *Dies* gelingt ihnen mit viel Kraft.

b Markiere in den Sätzen A bis F farbig alle
Personalpronomen gelb, Demonstrativpronomen grün, Possessivpronomen blau. PUNKTE

2 **Vergleiche, wie schwer die Fische im Verhältnis zueinander sind. Nutze die Tabelle.**
Ergänze die Adjektive in Klammern in Form der Steigerungsstufe oder der Höchststufe. PUNKTE

Der Mondfisch ist *leichter als* (leicht) der Walhai.

Der Wahlhai ist also ______ (schwer).

______ (leicht) ist der Europäische Wels.

Die Riesenbarbe ist ______ (schwer) der Europäische Wels.

Der Walhai ist nicht nur ______ (schwer), sondern auch ______ (groß).

Schwere Fische	
Walhai	34 000 kg
Mondfisch	2 300 kg
Riesenbarbe	300 kg
Europäischer Wels	144 kg

3 **Im Folgenden stimmen die Präpositionen nicht!**
a Markiere in jedem Satz die Präposition und unterstreiche das Verb.
b Korrigiere: Schreibe die richtigen Präpositionen über die falschen. PUNKTE

VORSICHT FEHLER!

Wir interessieren uns an die Tiere der Arktis und Antarktis. Auf der Bibliothek fragen wir unter passenden Büchern. Wir freuen uns neben ein paar gemütliche Lesestunden. Clara und Celina sprechen aus Ben neben Eisbären. Marek und Robin antworten gegen eine Frage aus Hannah. Zum Schluss fahren wir auf dem Bus zu Hause.

4 **Zähle die Punkte, die du erreicht hast, mit Hilfe des Lösungsheftes zusammen (S. 13).**

☺ 34–24 Punkte	😐 23–15 Punkte	☹ 14–0 Punkte
Gut gemacht!	Gar nicht schlecht! Wo hattest du Schwierigkeiten? Wiederhole die passenden Übungen auf S. 41–50.	Du solltest noch einmal üben! Arbeite die S. 41–50 erneut durch.

Das Tempus des Verbs – Ferne Welten

Das Präsens verwenden

Information Das Präsens (die Gegenwartsform)

- Das **Präsens** wird meist verwendet, wenn man sagen will, dass etwas **jetzt geschieht,** z. B.: *Die Rakete **startet** in diesem Moment.*
- Das Präsens wird auch gebraucht, um **Gewohnheiten** und **Dauerzustände** zu beschreiben, z. B.: Der Mars **ist** ein Planet. Raketen **brauchen** Treibstoff. Der Mensch **benötigt** Sauerstoff.

1 **Das Bild zeigt dir, wie der Alltag von Astronauten im All aussieht.**

a **Schreibe in die Schreibflächen je zwei Verben, die zum Geschehen und den Tätigkeiten passen. Nutze den Wortspeicher.**

Wortspeicher

notieren träumen fliegen sprechen reparieren strahlen aufschreiben frühstücken schlafen ausbessern reden essen ~~schweben~~ leuchten

b **Beschreibe in ganzen Sätzen, was die Astronauten tun und was geschieht. Verwende jeweils eines der Verben, die du in die Schreibflächen eingetragen hast.**

c **Unterstreiche alle Verben und markiere die Personalendungen, z. B.:**

Die Raumstation schwebt im All. Ein Astronaut …

Zukünftiges ausdrücken

Information **Zukünftiges ausdrücken – Futur und Präsens**

- Mit der Zeitform **Futur** drückt man Zukünftiges aus, z. B.: *Die Raumstation wird einige Zeit im All bleiben.* Das Futur wird gebildet aus: *wird* (Personalform von ***werden***) + *bleiben* (**Infinitiv** (Grundform))
- Mit dem Futur kann man auch eine Vermutung ausdrücken, z. B.: *Hoffentlich **wird** das **gut gehen!***
- Auch mit dem **Präsens** lässt sich Zukünftiges ausdrücken. Dazu verwendet man zusätzliche Zeitangaben wie *morgen* oder *nächste Woche*, z. B.: ***Morgen** überträgt das Fernsehen den Raketenstart.*

1 **a** **Lies die Schlagzeilen aus der Zukunft auf dem Display. Unterstreiche jeweils das Verb, das hier noch im Präsens steht.**

DEUTSCHER BAUUNTERNEHMER BAUT HOTEL AUF DEM MOND

SCHULKLASSEN FLIEGEN ZUM MARS

MARSMENSCH HILFT BEI ENERGIEVERSORGUNG

AUSSERIRDISCHER BESUCHT BERLIN

VERKEHRSMINISTER SPRICHT SICH FÜR RAKETENFÜHRERSCHEIN AUS

„RAKETENTECHNIK" IST NEUES SCHULFACH

ZWÖLFJÄHRIGE ENTDECKT NEUEN PLANETEN

UNTERNEHMEN BIETET REISEN INS ALL AN

b **Das Futur kannst du bilden, wenn du die von dir unterstrichenen Verben zunächst in den Infinitiv setzt, z. B.:**

baut – bauen, fliegen – fliegen, ...

c **Beschreibe mit Hilfe der Schlagzeilen, wie die Welt in Zukunft vielleicht aussehen wird. Verwende das Futur: Füge zu den Infinitiven aus Aufgabe 1b die richtige Personalform von *werden* hinzu.**

Ein deutscher Bauunternehmer wird ein Hotel auf dem Mond bauen.

Schulklassen werden ...

2 **Stelle selbst Vermutungen an: Was wird in der Zukunft vielleicht alles passieren? Schreibe Sätze im Futur in dein Heft, z. B.:**

Vielleicht werden Schüler Klassenreisen zum Mond machen. Vermutlich werde ich ...

Das Perfekt verwenden

Information **Das Perfekt (die vollendete Vergangenheit) mit dem Partizip II bilden**

- Das **Perfekt** ist eine Zeitform der Vergangenheit. Man verwendet es in der Regel, wenn man **mündlich** erzählt, z. B.: *Ich **habe** in der Nacht eine Sternschnuppe **gesehen**.*
- Verben im Perfekt bestehen aus **zwei Teilen:**
  Präsensform von *sein* oder ***haben*** **+ *Partizip II,*** z. B.:
- *Wir **sind** zur Sternwarte **gefahren**.*
  *Dort **haben** wir viel über das Sonnensystem **gelernt**.*
  Das **Partizip II** beginnt meist mit der **Vorsilbe *ge-***, z. B.: *fliegen* → ***ge**flogen*, auch: *an**ge**flogen, zu**ge**flogen*.

1 **Einige Schüler sprechen über den Wettbewerb „Abenteuer Weltall“, bei dem sie gern mitmachen möchten.**
a Vervollständige ihre Gesprächsbeiträge im Perfekt: Ergänze das fehlende Partizip II.
b Markiere in jedem Satz die beiden Teile des Perfekts farbig, z. B.:

Aylin: „Im Unterricht haben wir nach dem Ursprung des Weltalls *gefragt* (fragen).“

Tobias: „Danach haben wir uns eine richtige Forschungsfrage ______________ (stellen)“

Sinan: „Wir haben uns dann beim Wettbewerb ‚Abenteuer Weltall‘ ______________ (anmelden).“

Marcel: „Ich habe die Zusage zuerst im Briefkasten ______________ (finden).“

Sinan: „In der Sternwarte haben wir viele interessante Menschen ______________ (treffen).“

Aylin: „Wissenschaftler haben uns bei unseren Nachforschungen ______________ (helfen).“

2 **Lies den Auszug aus einem Tagesplan von Sinan.**
Wie könnte er von einem seiner Tage in der Sternwarte erzählen? Notiere Sätze im Perfekt.

„Ich habe um 8:00 Uhr gefrühstückt. Danach habe ich …“

____

____

____

____

____

____

____

____

____

____

28.06.13

8:00: frühstücken
8:30: Experiment mit Tobias planen
10:00 mit Frau Carls über Experiment reden
11:30 zum Teleskop gehen und Fotos machen
13:00 Mittag essen
14:00 …

Abenteurer der Forschung (Teil 1) – Das Perfekt verwenden

1 ●○○ **In dem folgenden Interview erzählt der schweizerische Wissenschaftler und Abenteurer Bertrand Piccard von seiner Kindheit.**
Bilde zu den Infinitiven in Klammern die passende Form im Perfekt.
Tipp: Der Wortspeicher hilft dir, die richtige Perfektform zu finden.

Wortspeicher

~~gearbeitet~~ gereist gewesen aufgestellt gehabt gemacht verwirklicht gewesen bewiesen aufgewachsen

„Herr Piccard, als was *haben* Sie eigentlich in den letzten Jahren *gearbeitet* (arbeiten)?“

„Ich *bin* z. B. Forscher, Pilot oder Buchautor ______ (sein).“

„Ihr Großvater ______ als erster Mensch mit einem Ballon in die Stratosphäre[1] ______ (reisen).

Ihr Vater ______ einen Tiefenrekord mit einem U-Boot ______ (aufstellen).

Wie ______ Sie ______ (aufwachsen)?“

„Ich ______ immer starke Vorbilder ______ (haben). Mein Großvater und mein Vater ______ für mich immer etwas ganz Normales ______ (machen).

Aber eigentlich ______ das ja ganz unmögliche Sachen ______ (sein)! Sie ______ mir ______ (beweisen): Sie ______ ihre Träume ______ (verwirklichen)!“

2 ●○○ **a Ordne die folgenden Bausteine zu richtigen Sätzen im Perfekt.**
b Markiere die beiden Teile des Perfekts farbig.

als Pilot	hat	gearbeitet	Bertrand Piccard

Vorbilder	sein Vater und sein Großvater	sind	für ihn	gewesen

Bertrand Piccard ... ______

______

______

______

1 Stratosphäre: zweite Schicht der Erdatmosphäre, ca. 15 bis 50 km über der Erdoberfläche

Abenteurer der Forschung (Teil 2) – Das Perfekt verwenden

1 ●●●
a Informiere dich auf S. 55 über den Wissenschaftler und Abenteurer Bertrand Piccard.
b Schreibe drei wichtige Informationen über ihn im Perfekt auf. Verfasse ganze Sätze.

Bertrand Piccard hat …

2 ●●●
a Lies, was Bertrand Piccard über seine Kindheit schreibt. Unterstreiche alle Verben im Präteritum.

Charles Lindbergh

Einen Teil meiner Kindheit verbrachte ich in Florida/USA. Damals konstruierte mein Vater mit der „Mésoscaphe“ das erste Touristenboot. Ich verbrachte eine unglaublich interessante Zeit und traf alle meine Helden, z. B. Charles Lindbergh. Er flog 1927 als erster Mensch über den Atlantik.

Eines Tages bekam ich dann tatsächlich eine Einladung nach Cape Kennedy. Von diesem Küstenabschnitt an der Ostküste starteten die Apollo-Missionen 7 bis 12. Ich sah sie alle! Und 1969 landete dann auch der erste Mensch auf dem Mond.

b Mündlich würde Piccard seine Kindheitserinnerungen im Perfekt erzählen. Schreibe den Text um, z. B:.

„Einen Teil meiner Kindheit habe ich in Florida/USA verbracht. Damals …

3 ●●● Stelle dir vor, du könntest Piccard etwas fragen. Was würdest du gerne wissen?
Notiere passende Fragen im Perfekt in dein Heft, z. B.:

Sind Sie als Kind auch mit der Mésoscaphe getaucht?

Haben Sie …

Das Präteritum verwenden

Information **Das Präteritum (die einfache Vergangenheitsform)**

- Das **Präteritum** beschreibt vergangene **Vorgänge, Handlungen und Zustände.**
- Wenn man über Vergangenes **schriftlich erzählt,** dann wird in der Regel das Präteritum verwendet, z. B.: *1934* ***tauchte*** *der Amerikaner Charles William Beebe mit einer Tauchkugel.*
- Das Präteritum wird mit **starken oder schwachen Verben gebildet:**
  – **Schwache Verben** verändern im Präteritum nur die Endung, sie verändern sich schwach, z. B.:
  *ich frag**e** → ich frag**te*** *du antwort**est** → du antworte**test***
  – **Starke Verben** verändern sich stark, z. B.:
  ich lese → ich las *du sprichst → du sprachst*
  Die **starken Verben** musst du dir **merken.**

1 **Jacques Piccard, der Vater von Bertrand (► S. 55 f.), war in den 1960er-Jahren ein Held vieler Zeitungsberichte.**
a Ergänze mit Hilfe des Wortspeichers im nachstehenden Zeitungsbericht die fehlenden Verben im Präteritum.
b Unterstreiche in den einzelnen Sätzen die Subjekte. Wer „tut" jeweils etwas?

Wortspeicher

~~stellten auf~~ musste starteten gelangten lasteten jubelten zu dauerte feierten tauchten auf

Neuer Rekord von Jacques Piccard 24. Januar 1960

Der Schweizer Meeresforscher Jacques Piccard und sein amerikanischer Begleiter Don Walsh stellten gestern einen neuen Rekord auf. Sie ______ eine spektakuläre Tauchexpedition an der vermutlich tiefsten Stelle aller Ozeane, am Marianengraben zwischen Japan und Australien. Fast fünf Stunden ______ ihr Ausflug in die eiskalte, stockdunkle Tiefsee. Dabei ______ sie an den Grund des Pazifischen Ozeans. Riesige Wassermassen ______ dabei auf der Tauchkugel. Diese ______ insgesamt 170 000 Tonnen Gewicht aushalten. Nach etwa zwanzig Minuten auf dem Meeresgrund ______ Piccard und sein Begleiter wieder ______. An der Oberfläche ______ ihnen Menschenmassen zu. Gemeinsam ______ sie den großen Erfolg.

2 **Kreuze an:**
Bei den Verben in dem Zeitungsbericht handelt es sich um ☐ starke Verben ☐ schwache Verben.
Tipp: Bilde zu den eingesetzten Verben jeweils den Infinitiv.

3 **Stelle dir vor, Jacques Piccard hätte über den spektakulären Taucherfolg ein Tagebuch geführt.**

a Lies den folgenden Tagebucheintrag. Bilde aus den Verben in Klammern passende Formen im Präteritum.
Tipp: Achte in jedem Satz darauf, wer etwas „tut".

Liebes Tagebuch, 24. Januar 1960

gestern war (sein) der wichtigste Tag in meinem Leben! Endlich wurde (werden) unser großer Traum wahr!

Fast fünf Stunden ______________ Don und ich uns unter Wasser ______________ (aufhalten).

Um uns herum ______________ (sein) tiefste Dunkelheit, nur ein kleines Licht ______________ (scheinen).

Alles, was ich ______________ (vernehmen), ______________ (sein) das leise Gluckern unseres Tauchschiffes. Wir ______________ (sinken) immer tiefer und tiefer, und ich ______________ (bekommen) langsam Angst, wir würden niemals den Boden erreichen.

Und dann: Ein starkes Rumpeln!

Don ______________ (schreien) vor Freude auf: „Jacques, das ist der Meeresboden!"

Überglücklich ______________ (fallen) wir uns in die Arme. Vorsichtig ______________ wir dann wieder ______________ (aufsteigen). Als ich an der Oberfläche in die begeisterten Gesichter ______________ (sehen), ______________ (wissen) ich: Du hast es geschafft!

Jacques

b Starke oder schwache Verben? Ergänze den folgenden Satz.

Alle Verben im Tagebucheintrag sind ______________ Verben.

4 **Stelle dir vor, du wärst mit Jacques Piccard in der Tauchkugel gewesen.**
Verfasse einen eigenen Tagebucheintrag im Präteritum. Berichte von Gefühlen, Gedanken und Erlebnissen.

Tiefseeabenteuer (Teil 1) – Das Präteritum verwenden

1 **In den Luftblasen befinden sich starke Verben im Präteritum. Notiere zu den Verben jeweils den Infinitiv. Du kannst auch in dein Heft schreiben.**

befahl – befehlen, befand – befinden, …

____

____

____

____

____

2 **Lies den Anfang des Logbuchs eines Meeresforschers.**
a Notiere in den Klammern passende starke Verben aus Aufgabe 1.
b Ergänze in der Lücke hinter den Klammern die richtige Personalform des Verbs, z. B.:

Gestern (*befand*) *befanden* wir uns etwa 100 Seemeilen westlich der menschenleeren südlichen Sandwich-Insel.

„Luchs", unser Unterwasserroboter, (__________) __________ mal wieder unterwegs.

Ein langes Kabel (__________) __________ uns mit dem Roboter.

Mit Hilfe seiner Kamera (__________) __________ wir alles sehr gut.

Die Scheinwerfer strahlten ein paar Fische an. Als ich sie ausknipste, stellte ich fest:

Die Fische (__________) __________ biolumineszent, das bedeutet: Sie erzeugen Licht.

Ganz plötzlich (__________) __________ ich: Was war das? …

Tiefseeabenteuer (Teil 2) – Das Präteritum verwenden

1 **Lies den Anfang des Logbuchs eines Meeresforschers auf S. 59. Wie geht es wohl weiter? Das erfährst du, wenn du aus den folgenden Satzbausteinen passende Sätze im Präteritum bildest. Schreibe in dein Heft, z. B.:**

| etwas Schwarzes | auf sich zubewegen | auf die Kamera |

Etwas Schwarzes bewegte sich auf die Kamera zu.

| fast gar nichts mehr | ich | sehen | beinahe |

| denn | über unserem Kameraobjektiv | ein Riesenkrake | sich festsaugen |

| ich | die Greifarme von „Luchs“ | daraufhin | ausfahren |

| den Riesenkraken | damit | der Tauchroboter | soll abschütteln |

| für einen kurzen Augenblick | wir | sehen | vor der Kamera | den Riesenkraken |

| ein paar Meter lang | das Tier | sein | tatsächlich |

| weiter hinabtauchen | nach der Begegnung mit den Riesenkraken | „Luchs“ |

2 **a Bringe in dem folgenden Text alle angegebenen Verben in die richtige Präteritum- und Personalform.**
b Wie könnte es weitergehen? Setze das Tiefseeabenteuer in deinem Heft fort.

Wir __________ *(befinden)* uns mitten auf dem Pazifischen Ozean, unter uns der Marianengraben. Endlich __________ *(haben)* wir Gelegenheit, unser neues Tauchboot zu testen. Nach kurzer Vorbereitung __________ wir __________ *(hinabsinken)*. Lautlos __________ die Unterwasserwelt an uns __________ *(vorbeigleiten)*.

Der Anblick eines riesigen Fischschwarms __________ *(verschlagen)* uns den Atem! Weiter ging es hinab! Auf einmal __________ *(verlangsamen)* sich unser Boot. „Hast du die Geschwindigkeit gedrosselt?“, fragte ich meinen Partner. Er __________ *(schütteln)* den Kopf und __________ *(sehen)* mich an. „Was ist das?“, flüsterte er ...

Teste dich!

Das Tempus

1 a Unterstreiche in den Sätzen A bis C das Verb. PUNKTE

A An diesem Morgen scheint mal wieder die Sonne. B Jeden Tag fahre ich zur Forschungsstelle.
C Nächste Woche besuchen wir gemeinsam das städtische Meeresmuseum.

b Kreuze an: PUNKTE

Die Verben in den Sätzen A bis C stehen im ☐ Präteritum ☐ Präsens ☐ Futur ☐ Perfekt.

c Ordne zu und notiere jeweils den richtigen Buchstaben. PUNKTE

Satz ______ sagt etwas über die Zukunft aus.

Satz ______ sagt etwas über einen gegenwärtigen Zustand oder eine gegenwärtige Handlung aus.

Satz ______ sagt etwas über Gewohnheiten oder Dauerzustände aus.

2 Ergänze in jedem Satz das Verb „schwimmen" in der richtigen Zeitform. PUNKTE

„Im See ______________ wir gestern um die Wette ______________!", erzählte Jonas.

Die Klasse 6 b ______________ jeden Donnerstag im Bismarckbad.

Hoffentlich ______________ unser selbst gebautes Boot morgen beim Testlauf gut ______________.

1875 ______________ Matthew Webb als erster Mensch ohne technische Hilfe durch den Ärmelkanal.

3 Präsens oder Präteritum? Setze die Infinitive in den Klammern in die richtige Zeitform. PUNKTE

In der Antarktis ______________ *(fangen)* Fischer aus Neuseeland den größten Tintenfisch der Welt. Als die Fischer die Leine ______________ *(einholen)*, ______________ *(bemerken)* sie, dass daran etwas sehr Schweres ______________ *(hängen)*.

Unter großer Anstrengung ______________ *(gelingen)* es ihnen, den Fisch an Bord zu holen.

Sie ______________ *(feststellen)*, dass der Fisch etwa 450 Kilogramm ______________ *(wiegen)*.

Damit ______________ *(sein)* dieser Tintenfisch größer als alle bisher gefangenen.

Er ______________ *(befinden)* sich jetzt in einem Museum.

4 Zähle die Punkte, die du erreicht hast, mit Hilfe des Lösungsheftes zusammen (▸ S. 15–16).

☺ 20–15 Punkte	☺ 14–9 Punkte	☹ 8–0 Punkte
Gut gemacht!	Gar nicht schlecht! Wo hattest du Schwierigkeiten? Wiederhole die passenden Übungen auf S. 52–60.	Du solltest noch einmal üben! Arbeite die S. 52–60 erneut durch.

Satzglieder unterscheiden – Auf frischer Tat

Mit Satzgliedern umgehen

Methode **Die Umstellprobe anwenden, Satzglieder ermitteln**

- Die **Satzglieder** eines Satzes kann man mit der **Umstellprobe** ermitteln.
- Satzglieder können aus einzelnen Wörtern oder Wortgruppen bestehen.
- Die Umstellprobe zeigt, dass ein **Satzglied immer eine Einheit** bleibt, z. B.:

Jemand stahl einem Fahrgast im Zug das Handy.
Im Zug stahl jemand einem Fahrgast das Handy.

1 **In einem ICE wird ein Diebstahl gemeldet.**

a Schreibe mit Hilfe der Notizen einen sinnvollen Aussagesatz auf.

- im JCE 2307
- um 16:30 Uhr
- ein Handy
- stahl
- ein Unbekannter
- einem schlafenden Fahrgast

b Notiere den Satz mit einer geänderten Satzgliedstellung. Der Sinn soll sich dabei nicht verändern.

c Markiere in beiden Sätzen die verschiedenen Satzglieder in unterschiedlichen Farben.

2 **a Bestimme mit Hilfe der Umstellprobe, wie viele Satzglieder der folgende Satz hat. Schreibe ihn dazu mit einer geänderten Satzgliedstellung auf.**

Im Zug meldete den Diebstahl der Fahrgast dem Angestellten sofort.

b Beantworte mit Hilfe des Satzes aus Aufgabe 2 a die folgende Frage. Die Antwort soll am Satzanfang stehen.

Wann meldete der Fahrgast den Diebstahl?

Information **Das Prädikat**

- In **Aussagesätzen** steht die **Personalform des Verbs, das Prädikat,** immer an **zweiter Stelle** nach dem ersten Satzglied, z. B.:

Durch einen Zufall	***fasste***	*man*	*den Dieb.*	
Den Dieb	***fasste***	*man*	*durch einen Zufall.*	

- Das **Prädikat** kann auch **zweiteilig** sein. Man spricht von einer **Prädikatsklammer,** z. B.:

Durch einen Zufall	***konnte***	*man*	*den Dieb*	***fassen.***
Den Dieb	***konnte***	*man*	*durch einen Zufall*	***fassen.***

3 **Über den Vorfall im Zug wird am nächsten Tag in der Zeitung berichtet.**

a **Formuliere den ersten Satz des Berichts so um, dass ein anderes Satzglied am Anfang steht.**

WÜRZBURG. In einem ICE überführte gestern ein klingelndes Handy einen ahnungslosen Dieb. Der Mann hatte am Sonntagabend das Mobiltelefon eines schlafenden Fahrgasts gestohlen und eingesteckt. Die Bestohlene erwachte und bemerkte den Diebstahl. Ein mitfahrender Beamter wählte kurzerhand die Rufnummer des gestohlenen Handys. Danach folgte er nur noch seinen Ohren: Das Klingeln führte direkt zum Dieb. Dieser gab den Diebstahl sofort zu.

b **Schreibe auch den letzten Satz des Berichts in einer geänderten Satzgliedstellung auf. Unterstreiche das Prädikat und markiere die anderen Satzglieder in unterschiedlichen Farben.**

c **Füge in den letzten Satz eine Personalform des Verbs „müssen“ ein. Unterstreiche das zweiteilige Prädikat.**

Dieser musste …

4 **a** **Unterstreiche das zweiteilige Prädikat in dem folgenden Satz:**

Der Verdächtige gab den Diebstahl zu.

b **Erweitere den Satz durch die nachstehenden Satzglieder. Schreibe ins Heft.**

kurze Zeit später	bei der Befragung	zähneknirschend

c **Unterstreiche auch in dem erweiterten Satz das Prädikat.**

Ein einfallsreicher Künstler (Teil 1) – Satzglieder umstellen

1 **Die folgende Nachrichtenmeldung ist durcheinandergeraten.**

●○○ **a Bilde aus den Wörtern einen sinnvollen Satz.**

ein ~~in~~ Kunststudent ~~einem~~ ~~Museum~~ hängte sein Bild zwischen berühmte heimlich Kunstwerke

In einem Museum …

b Suche die Satzglieder mit Hilfe der Umstellprobe. Markiere die Satzglieder in unterschiedlichen Farben.

c Schreibe den Satz mit einer veränderten Satzgliedstellung auf.

d Schreibe den letzten Satz als Frage auf. Setze das nötige Satzschlusszeichen.

2 **Eine Zeitung berichtet über den Vorfall im Museum. Leider fehlen in dem Text alle Prädikate.**

●○○ **a An welcher Stelle muss das Prädikat eingefügt werden? Markiere die Stelle durch ein X, z. B.:**

Unerkannt *X* ein Kunststudent ☐ ein eigenes Kunstwerk ☐ in ein Museum. ☐ Er ☐ das Bild ☐ an eine Säule. ☐ Darunter ☐ er ☐ ein Schild ☐ mit seinem Namen. ☐ Mitarbeiter ☐ das Bild ☐ noch am selben Tag. ☐ Sofort ☐ sie ☐ den Leiter der Ausstellung. ☐

b Verfasse in deinem Heft den Bericht neu.
Wähle passende Prädikate aus dem Wortspeicher,
z. B.: *Unerkannt schmuggelte ein …*

Wortspeicher

hängte entdeckten ~~schmuggelte~~ informierten befestigte

c Suche in deinem Zeitungsbericht die Satzglieder der einzelnen Sätze mit Hilfe der Umstellprobe:

- **Markiere die Satzglieder in unterschiedlichen Farben.**
- **Prüfe in jedem Satz, ob das Prädikat immer an zweiter Stelle steht.**

Ein einfallsreicher Künstler (Teil 2) – Satzglieder umstellen

1 ●●● **Ein Journalist hat eine erste Textfassung zu einem Vorfall in einem Museum verfasst.**

a Damit der Text abwechslungsreicher wird, will er in einigen Sätzen die Satzglieder umstellen. Hilf ihm. Markiere die Sätze mit einem ☐X, die umgestellt werden sollten.

☐ Ein Kunststudent hängte in das Nationalmuseum sein eigenes Bild. ☐ Das Bild wurde bald von Angestellten entdeckt. ☐ Der Ausstellungsleiter amüsierte sich über die Aktion des Studenten. ☐ Er lobte den Einfallsreichtum des jungen Mannes. ☐ Das Bild wurde trotzdem wieder abgenommen. ☐ Das Bild hing danach für eine Woche im Café des Nationalmuseums. ☐ Der Student wurde zu seiner Idee befragt. ☐ Der Student wollte sein Werk endlich einmal in einer großen Ausstellung unterbringen. ☐ Der Student wollte mit seiner Aktion auf junge Künstler aufmerksam machen.

b Bestimme die Satzglieder jedes angekreuzten Satzes. Markiere sie in unterschiedlichen Farben.

c Unterstreiche das Satzglied, das an die erste Stelle gesetzt werden kann. Schreibe den Text neu auf.

2 ●●● **a Welches Prädikat passt zu allen Satzgliedern, die um das leere Textfeld angeordnet sind? Wähle das Prädikat aus den folgenden Vorschlägen aus und schreibe es in das leere Textfeld:**
bemalen, mitnehmen, verkaufen, versteigern, erklären, fotografieren.

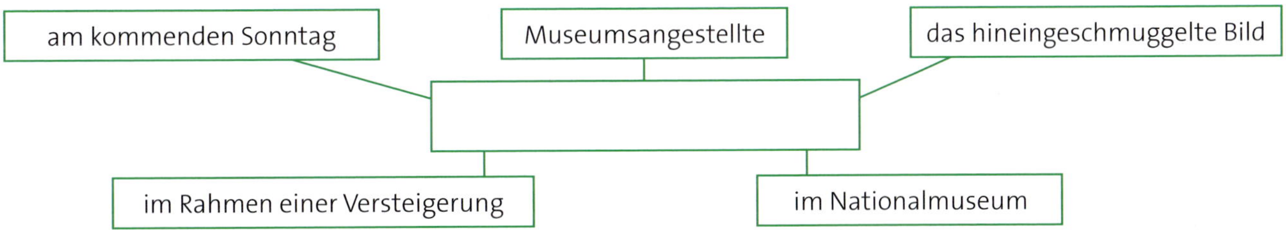

b Bilde mit Hilfe der Satzglieder Sätze, in denen jeweils Folgendes am Satzanfang steht:

A der Ort der Versteigerung, B der Gegenstand der Versteigerung, C der Zeitpunkt der Versteigerung.

A Jm Nationalmuseum …

B

C

Subjekte verwenden

Information **Das Subjekt**

- Das Satzglied, das man mit **Wer oder was** …? erfragen kann, heißt **Subjekt.**
  Das Subjekt steht immer im **Nominativ,** z. B.:
  Ein Reporter berichtete von der Aktion auf dem Berliner Platz.
  – Frage: ***Wer oder was*** *berichtete von der Aktion auf dem Berliner Platz?*
  – Antwort: ***Der Reporter*** *berichtete von der Aktion auf dem Berliner Platz.*
- Subjekt und Prädikat (▶ S. 63) eines Satzes sind eng aufeinander bezogen.
  Das **Subjekt bestimmt** die **Form** des Prädikats, z. B.:
  ich *bericht**e*** ***du*** *bericht**est*** ***er/sie/es*** *bericht**et*** ***wir*** *bericht**en*** ***ihr*** *bericht**et*** ***sie*** *bericht**en***

1 **In der folgenden Zeitungsschlagzeile fehlt ein Teil.**

a **Ergänze die Schlagzeile durch ein mögliches Subjekt. Wer könnte den Autodieb geschnappt haben?**

________________________ … schnappt Autodieb!

b **Überprüfe deine Vermutung. Füge passende Subjekte in die nachstehende Zeitungsmeldung ein.**
Tipp: Nicht alle Subjekte im Wortspeicher gehören in den Text.

Wortspeicher

Polizisten Ein Gericht
die Polizeibeamten das Auto
Sie die Polizisten der Verdächtige
die junge Frau Der Zeuge
die Fingerabdrücke der Bluttest

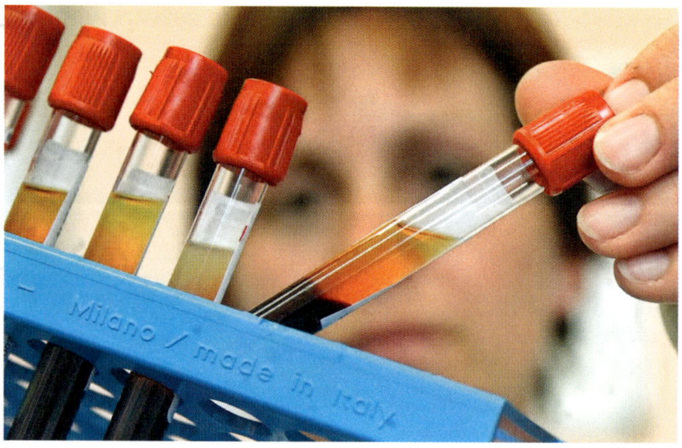

Mit Hilfe eines kleinen Insekts haben ________________ in Finnland einen Autodieb geschnappt. Im Inneren eines gestohlenen Autos fanden ________________ eine Mücke. ________ hatte sich offenbar voller Blut gesaugt. Daher schickten ________________ diese ins Labor. Und tatsächlich entlarvte ________________ einen bekannten Verbrecher. Der Mann wurde kurz darauf von der Polizei verhaftet. Allerdings streitet ________________ die Tat ab und behauptet, nur mitgenommen worden zu sein. ________________ muss nun darüber entscheiden.

2 **Wie muss die Schlagzeile in Aufgabe 1 a richtig lauten? Notiere sie mit einem passenden Subjekt.**

____

Dativobjekt und Akkusativobjekt unterscheiden

Information **Das Dativobjekt und das Akkusativobjekt**

- **Satzglieder,** die man mit **Wem ...?** oder mit **Wen oder was ...?** erfragen kann, heißen **Objekte.**
- Objekte, die man mit **Wem ...?** erfragt, heißen **Dativobjekte,** z. B.:
  Er erklärte seinem Freund die Aufgabe.
  - Frage: ***Wem** erklärte er die Aufgabe?*
  - Antwort: ***Seinem Freund** erklärte er die Aufgabe.*
- Objekte, die man mit **Wen oder was ...?** erfragt, heißen **Akkusativobjekte,** z. B.:
  Er erklärte seinem Freund die Aufgabe.
  - Frage: ***Wen oder was** erklärte er seinem Freund?*
  - Antwort: ***Die Aufgabe** erklärte er seinem Freund.*

1 **Bei diesen vier Schlagzeilen fehlt leider etwas Entscheidendes.**

Dieb verliert ...

Polizist vergisst ...

Zwölfjähriger fängt ...

Hund erkennt ...

Stelle Vermutungen an, worum es in den Schlagzeilen gehen könnte.
Notiere eine passende Frage und beantworte sie durch ein Akkusativobjekt, z. B.:

Wen oder was verliert ein Dieb? Dieb verliert seine Beute/sein Gedächtnis/...

Wen oder was vergisst ...

2 **Auch bei diesen Schlagzeilen fehlt etwas: Wem könnte etwas überlassen oder geschenkt worden sein?**

Millionär überlässt ______ sein Vermögen Dieb schenkt ______ seine Schuhe

Erfrage das fehlende Satzglied und ergänze die beiden Schlagzeilen durch ein Dativobjekt, z. B.:

Wem überlässt ...

Millionär überlässt einem Waisenkind/einer Schule ...

3 **In den beiden folgenden Sätzen wurden das Dativ- und das Akkusativobjekt vertauscht.**
Schreibe die Sätze richtig auf.

In einer Kleinstadt in Rheinland-Pfalz stahl ein besonders frecher Fuchs den Schuhen die Einwohner.

______

Warum er den Tretern die Menschen wegnahm, weiß niemand so genau.

______

Auf Spurensuche (Teil 1) – Subjekte und Objekte

1 ●○○

a Wer findet alles eine Spur? Ergänze passende Subjekte.

A Sie/Er arbeitet im Wald: ______

B Sie/Er untersucht Tatorte: ______

eine Spur finden

C Sie/Er spielt mit bei einer Schnitzeljagd: ______

b Formuliere auf Grundlage deiner Lösungen zu Aufgabe 1a je einen vollständigen Satz, z. B.:

A *Ein Förster/Ein Waldarbeiter/...* ______ *findet eine Spur.*

B ______

C ______

2 ●○○

Ergänze die folgenden Angaben im Wortspeicher durch passende Subjekte. Schreibe in deinem Heft vollständige Sätze auf, z. B.: *Der Nachbarsjunge verrät ...*

Wortspeicher

ein Geheimnis verraten   Juwelen finden   einen Tresor aufbrechen   einen Fall aufklären

3 ●○○

a Akkusativ- oder Dativobjekt? Notiere die passende Satzgliedfrage zu den Wörtern in Klammern.

b Ergänze den Text durch die Objekte im richtigen Fall.

Rentner verschenkt Geld (Teil 1)

Ein großzügiger älterer Herr hat ______ (*eine Polizeistreife:* *Wen oder was ...?*) im bayerischen Aschaffenburg verblüfft. Der Rentner stand in einer Fußgängerzone und drückte ______ (*die Passanten:* ______) Geldstücke in die Hand. Durch ein Schild um den Hals teilte der ältere Mann ______ (*die Fußgänger:* ______) mit, dass er weder arbeitslos noch obdachlos sei und aus Freude ______ (*das Geld:* ______) verschenken wolle. Ein Passant blieb aufmerksam: Er unterstellte ______ (*der Rentner:* ______) ______ (*ein Betrug:* ______) und rief die Polizei ...

Auf Spurensuche (Teil 2) – Subjekte und Objekte

1 ●● **Die Zeitungsmeldung von S. 68 geht hier weiter.**
a Übertrage die Objekte in Klammern in den richtigen Fall und schreibe sie in die Lücken.
b Markiere alle Subjekte, Akkusativ- und Dativobjekte in unterschiedlichen Farben.

Rentner verschenkt Geld (Teil 2)

... Als die Polizei anrückte, erzählte der Mann ____________________ *(die erstaunten Beamten)*, dass er ____________________ *(seine Mitmenschen)* ____________________ *(eine Freude)* machen wollte. Er sei nun Rentner und darüber überglücklich. Die Beamten konnten ____________________ *(der großzügige Mann)* ____________________ *(seine Geschenkidee)* nicht verbieten. ____________________ *(der passende Schauplatz)* hatte der Mann sich jedenfalls ausgesucht: Er verteilte ____________________ *(seine Münzen)* in der Frohsinnstraße.

2 ●● **a Suche im letzten Satz der Meldung aus Aufgabe 1 alle Satzglieder mit Hilfe der Umstellprobe.**
b Notiere den Satz als Aussagesatz mit einer anderen Satzgliedstellung.

____

c Schreibe den Satz so um, dass eine Frage entsteht. Setze das nötige Satzschlusszeichen.

____

3 ●● **Die folgenden Sätze A, B und C kannst du so umschreiben, dass sie wie in einer Zeitungsmeldung knapp über den Sachverhalt informieren. Gehe so vor:**
a Suche die einzelnen Satzglieder mit Hilfe der Umstellprobe.
Markiere Subjekte, Akkusativ- und Dativobjekte in unterschiedlichen Farben.
b Streiche in den Satzgliedern Wörter, die nicht unbedingt nötig sind, und schreibe die Sätze neu auf.

A Verschenkt hat ein lustiger Rentner sein Geld an vorbeieilende Passanten.

B Gemeldet hat ein aufmerksamer Passant der Polizeiwache die lustige Geschenkaktion in der Frohsinnstraße.

C Erklärt hat der gut gelaunte Rentner den hinzugeeilten Beamten den wahren Grund seiner Großzügigkeit.

A ____

B ____

C ____

Adverbiale Bestimmungen verwenden

Information **Adverbiale Bestimmungen – Angaben zu näheren Umständen**

Adverbiale Bestimmungen geben die **genauen Umstände eines Geschehens** an. Sie können aus einzelnen Wörtern *(gestern)* bestehen oder aus Wortgruppen *(in der letzten Woche)*, z. B.:
Aus Geldnot brach gestern ein Mann in Hamburg mit einer Eisenstange bei einem Millionär ein.

Adverbiale Bestimmung	Fragen	Beispiel
der Zeit	Wann? Wie lange? Seit wann? ...	gestern
des Ortes	Wo? Von wo? Wohin? ...	in Hamburg
der Art und Weise	Wie? Woraus? Womit? ...	mit einer Eisenstange
des Grundes	Warum? Warum nicht? ...	aus Geldnot

1 **Als Kommissar Finn eines Morgens in sein Büro kommt, liegt die folgende Notiz auf seinem Schreibtisch.**

Juwelen gestohlen gestern Nacht: 3:30 Uhr Schillerstraße 3 Familie Wagner

a **Finn will Genaueres über die Tat herausfinden und fährt zum Tatort.**
Ergänze mit Hilfe der bisherigen Informationen Finns Notizzettel.

Einbruch:	Juwelen gestohlen
Wann?	gestern Nacht, ... Uhr
Wo?	
Wie?	
Warum?	aus Geldgier

b **Was hat Finn bereits erfahren? Formuliere ganze Sätze.**

Gestern Nacht um ca. ... Uhr wurden ...

c **Markiere die adverbialen Bestimmungen in deinen Sätzen in den folgenden Farben:**
adverbiale Bestimmung der Zeit, des Ortes, der Art und Weise, des Grundes.

2 **Das Bild gibt dir weitere Hinweise zur Tat. Wo finden sich Spuren? Wie ist der Dieb in die Villa gelangt?**

a **Notiere Sätze mit passenden adverbialen Bestimmungen in deinem Heft.**

b **Erfrage und bestimme jede adverbiale Bestimmung, z. B.:**

An der Tür befinden sich Fingerabdrücke. (Wo befinden ...? = adv. Best. des Ortes)

– ...

Texte überarbeiten – Die Umstellprobe anwenden

Methode **Die Umstellprobe anwenden**

Durch die **Umstellprobe** können Texte **abwechslungsreicher** gestaltet werden.
Satzglieder werden dabei so umgestellt, dass die **Satzanfänge nicht immer gleich sind,** z. B.:
Spürhunde haben besonders feine Nasen. Spürhunde können bei der Suche nach Tatverdächtigen helfen.
→ *Spürhunde haben besonders feine Nasen. Bei der Suche nach Tatverdächtigen können Spürhunde helfen.*

1 **In dem folgenden Text beginnen die Sätze oft gleich.**
Stelle die Satzglieder der unterstrichenen Sätze um, sodass der Text abwechslungsreicher wird. Gehe so vor:
a Markiere die einzelnen Satzglieder in den unterstrichenen Sätzen mit verschiedenen Farben.

Polizeiarbeit mit Hunden

An vielen Flughäfen werden unrechtmäßig Waren geschmuggelt.

An vielen Flughäfen arbeiten deshalb Spürhunde.

Spürhunde erschnüffeln Tabak, Sprengstoff und Drogen.

Die Spürhunde werden in einem speziellen Training ausgebildet.

Mit ihrer guten Nase spüren sie nicht nur Schmugglerware auf.

Mit ihrer guten Nase finden sie auch Verschüttete nach einem Erdbeben.

b Umrahme das Satzglied, das du an den Satzanfang stellen willst. Schreibe den Text neu auf. Beginne z. B. so:

An vielen Flughäfen werden unrechtmäßig Waren geschmuggelt. Deshalb …

2 **a Überarbeite auch diesen Text. Unterstreiche die Sätze, deren Satzglieder umgestellt werden sollten.**
b Schreibe den Text neu in dein Heft.

Fährtenhunde helfen bei der Ermittlung von Kriminalfällen. Fährtenhunde finden am Tatort sehr kleine Beweismittel. Die Beweismittel findet ein menschlicher Ermittler nur sehr schwer. Menschlicher Geruch gibt dem Fährtenhund einen Hinweis auf den Täter. Die Spur des Täters kann er dadurch aufnehmen.

Texte überarbeiten – Die Ersatzprobe anwenden

Methode **Die Ersatzprobe anwenden**

Mit der **Ersatzprobe** kann man Satzglieder, die sich in einem Text häufig wiederholen, durch ein Wort oder mehrere andere Wörter ersetzen.

- **Nomen** (► S. 41) lassen sich durch **ähnliche Nomen** (► S. 41, Aufgabe 1) oder **Personalpronomen** (► S. 47) ersetzen, z. B.:

  Sie/Die Insekten
  Bienen helfen bei der Sprengstoffsuche. ~~Bienen~~ werden dafür ausgebildet.
- **Verben** (► S. 49) tauscht man **gegen andere Verben** aus, z. B.:

  entdecken/spüren ... auf
  Spürhunde finden geschmuggelte Waren. Sie ~~finden~~ auch vermisste Menschen.

1 a **Ersatzwörter gesucht! Markiere in jedem unterstrichenen Satz die Wörter, die sich wiederholen.**
b **Ersetze diese Wörter sinnvoll durch eines der folgenden.**
Schreibe es darüber: ***trainiert Sie wittern sie ihm die Insekten***

Tierische Ermittlungsarbeiter

Viele Tiere werden bei der Ermittlungsarbeit eingesetzt. Viele Tiere haben besonders gute Sinnesorgane. Auch Bienen können besonders gut riechen. Sie riechen sogar kilometerweit entfernten Blütenduft. Forscher haben Bienen nun ausgebildet. Die Forscher haben die Bienen für die Sprengstoffsuche ausgebildet. In einem kleinen Behälter werden die Bienen zum Einsatzort befördert. In dem kleinen Behälter ist eine Kamera angebracht. Sobald die Bienen Sprengstoff riechen, strecken sie ihre Fühler aus und warnen dadurch die Menschen.

2 **Ersetze im nachstehenden Text die unterstrichenen Wörter. Notiere passende Ersatzwörter darüber.**

Eine ungewöhnliche Rettungsaktion

In Bayreuth rettete ein Spürhund einer vermissten Rentnerin das Leben. Die Rentnerin verschwand gestern Nachmittag aus ihrem Seniorenheim. Die Mitarbeiter des Seniorenheims konnten die Rentnerin nicht finden. Daraufhin riefen die Mitarbeiter des Seniorenheims die Polizei. Hubschrauber wurden eingesetzt, um die Frau zu finden. Auch Spürhunde sollten bei der Suche nach der Frau helfen. Die Spürhunde fanden die alte Frau dann tatsächlich nicht weit vom Seniorenheim entfernt. Ein Hund fand die Rentnerin in einer Hecke und rettete die Rentnerin dadurch.

Teste dich!

Satzglieder

1 **a Aus den folgenden Satzgliedern kannst du einen Satz bauen. Schreibe ihn auf.** PUNKTE

entriss	am Montagmorgen	einem Räuber	eine mutige Rentnerin
aus Wut über den Diebstahl	die gestohlene Handtasche		

b Aus welchen Satzgliedern besteht der Satz genau?
Notiere über jedem Satzglied die richtige Zahl wie folgt: PUNKTE

1 das Subjekt
2 das Prädikat
3 das Dativobjekt
4 das Akkusativobjekt
5 adverbiale Bestimmung der Zeit
6 adverbiale Bestimmung des Ortes
7 adverbiale Bestimmung der Art und Weise
8 adverbiale Bestimmung des Grundes

2 **In den folgenden beiden Sätzen wurden die Dativ- und Akkusativobjekte vertauscht.** PUNKTE
a Unterstreiche in beiden Sätzen die Dativ- und Akkusativobjekte in unterschiedlichen Farben.
b Berichtige die Sätze und schreibe sie auf.

Die Rentnerin beantwortete den Fragen die Polizei. Dem Tathergang schilderte sie die Polizei.

3 **In der Zeitungsmeldung ist ein Nomen unterstrichen, das zu oft wiederholt wird.** PUNKTE
Notiere darüber jeweils ein Pronomen, mit dem du es ersetzen kannst.

(1) In Lübeck brach ein Mann in eine Wohnung ein. (2) Der Mann stahl dort Kleidungsstücke und technische Geräte. (3) Dem Mann gelang danach die Flucht mit dem Taxi. (4) Allerdings erkannte der Fahrer die gestohlenen Sachen des Mannes als seine eigenen. (5) Er lieferte den Mann bei der Polizei ab.

4 **Zähle die Punkte, die du erreicht hast, mit Hilfe des Lösungsheftes zusammen (S. 18).**

☺ 16–11 Punkte	😐 10–7 Punkte	☹ 6–0 Punkte
Gut gemacht!	Gar nicht schlecht! Wo hattest du Schwierigkeiten? Wiederhole die passenden Übungen auf S. 62–72.	Du solltest noch einmal üben! Arbeite die S. 62–72 erneut durch.

Satzreihe und Satzgefüge – Von Dieben und Tresoren

Satzreihen bestimmen und verwenden

Information **Die Satzreihe**

- Eine **Satzreihe** ist ein Satz, der **nur aus Hauptsätzen** besteht.
  Als **Hauptsatz** bezeichnet man einen Satz, der **allein stehen kann.**
- In der Regel werden die Hauptsätze in einer Satzreihe durch ein **Komma** voneinander abgetrennt, z. B.:
  Die Beamten erreichen den Tatort, (und) der Kommissar beginnt mit der Befragung der Zeugen.
  Hauptsatz Komma Hauptsatz

1 **a In der Wörterschlange fehlen die Satzzeichen.**
Kennzeichne das Ende eines Hauptsatzes mit einem senkrechten Strich.

anjedemtatortsichernexpertendiespurendiespurensicherungmussdabeisehrsorgfältigarbeitenspurendürfenkeinenfallverwischtwerdendurchdieschutzkleidungverursachendieexpertenkeineirreführendenspuren

b Wandle die Wörterschlange in richtige Sätze mit Wortabständen und Großschreibung um. Setze die Punkte.

2 **Verknüpfe die Sätze A, B und C jeweils zu einer Satzreihe:**
Verbinde die Sätze A, B und C mit dem Verknüpfungswort „und".

A Kriminalbeamte befragen Zeugen. Die Spurensicherung stellt Fingerabdrücke sicher.

Kriminalbeamte befragen Zeugen (,) und die …

B Herr Heinz findet Fingerabdrücke an einer Türklinke. Frau Fischer entdeckt welche an einem Wasserglas.

C Verdächtige Gegenstände werden sorgfältig verpackt. Im Labor wird alles genauer untersucht.

Satzgefüge bestimmen und verwenden

Information **Das Satzgefüge**

- Sätze aus **Haupt- und Nebensatz** heißen **Satzgefüge. Nebensätze** können **nicht ohne Hauptsatz** stehen. Nebensätze werden meist durch bestimmte **Verknüpfungswörter** eingeleitet, z. B.: *weil, da, wenn, damit, sodass, obwohl ...*
- Zwischen Haupt- und Nebensatz steht **immer** ein **Komma,** z. B.:
  Viele Menschen bekommen eine Gänsehaut, wenn sie sich fürchten.
  Hauptsatz — Komma — nachgestellter Nebensatz
  Wenn sie sich fürchten, bekommen viele Menschen eine Gänsehaut.
  vorangestellter Nebensatz — Komma — Hauptsatz

1 **Warum bekommen wir eine Gänsehaut? Die folgenden Sätze erklären es dir.**

a **Verknüpfe jeweils zwei Sätze mit Hilfe des Verknüpfungswortes in Klammern zu einem Satzgefüge. Setze das nötige Komma, z. B.:**

Wir bekommen häufig eine Gänsehaut. Wir frieren. *(wenn)*

Wir bekommen häufig eine Gänsehaut, wenn ...

Die Härchen an Armen und Beinen richten sich auf. Das Gehirn gibt dazu ein Signal. *(weil)*

____

Bei den Urmenschen stellten sich die Haare auf. Sie hatten ein Wärmepolster. *(damit)*

____

Heute funktioniert der Mechanismus immer noch. Wir haben gar kein Fell mehr. *(obwohl)*

____

Wir bekommen oft eine Gänsehaut. Wir haben Angst. *(wenn)*

____

Die Urmenschen hatten auch eine Gänsehaut. Sie wirkten auf Feinde bedrohlicher. *(sodass)*

____

b **Unterstreiche in jeder Satzreihe den Hauptsatz grün und den Nebensatz blau.**

c **Kreuze an: Das Prädikat steht im Nebensatz immer ☐ an zweiter Stelle ☐ am Ende.**

2 **Der folgende Text besteht aus drei Satzgefügen, bei denen noch die Kommas fehlen. Setze sie.**

VORSICHT FEHLER!

Eine Gänsehaut entsteht nicht nur wenn jemandem kalt ist oder er sich fürchtet.

Häufig haben Menschen auch eine Gänsehaut nachdem sie etwas Schönes erlebt haben.

So bekommen wir manchmal sogar eine Gänsehaut weil wir unser Lieblingsmusikstück hören.

Langfinger (Teil 1) – Satzreihen und Satzgefüge verwenden

1 ●○○ **a Verknüpfe die folgenden Sätze sinnvoll. Kreuze jeweils das passende Verknüpfungswort an.**
b Setze in jedem Satz das fehlende Komma.

Wie öffnet man Tresore?

Ein Stethoskop gehört eigentlich in die Hände von Ärztinnen und Ärzten, ☒ *weil* ☐ *obwohl* sie damit ihre Patienten abhören können. Das Instrument wird beispielsweise gebraucht ☐ *wenn* ☐ *damit* jemand einen schweren Husten hat. Stethoskope kommen aber auch in vielen Kriminalfilmen zum Einsatz ☐ *wenn* ☐ *obwohl* man sie dort nicht unbedingt vermuten würde. Dort hält ein Dieb das Instrument an den Tresor ☐ *weil* ☐ *wenn* er am Zahlenschloss dreht. Dies tut er ☐ *obwohl* ☐ *damit* er die richtige Zahlenkombination heraushören kann. Im Film klickt es dann leise ☐ *damit* ☐ *wenn* der Dieb die richtige Zahl gefunden hat. ☐ *Obwohl* ☐ *Weil* viele noch immer an diesen Trick glauben funktioniert dieser bei den heutigen Tresoren nicht mehr. Ein Stethoskop wäre vollkommen unnütz ☐ *wenn* ☐ *weil* die modernen Zahlenkombinationsschlösser keinen Laut mehr von sich geben.

2 ●○○ **Prüfe im Text zu Aufgabe 1, ob er aus Satzgefügen oder Satzreihen besteht. Kreuze an:**

Der Text zu Aufgabe 1 besteht ☐ ausschließlich aus Satzgefügen ☐ ausschließlich aus Satzreihen.

3 ●○○ **Gib die wichtigsten Aussagen des Textes zu Aufgabe 1 mit Hilfe passender Satzverknüpfungen wieder. Wähle Verknüpfungswörter aus dem Wortspeicher aus. Schreibe die Sätze neu auf.**

Wortspeicher
da und damit weil

Einige bringen Stethoskope mit Ärzten in Verbindung. Andere denken eher an Einbrüche.

____

In Filmen nutzen Diebe das feine Instrument. Sie bekommen die Zahlenkombination heraus.

____

Heute müssen sich Diebe andere Tricks einfallen lassen. Die Tresore haben sich verändert.

____

Langfinger (Teil 2) – Satzreihen und Satzgefüge verwenden

1 **Die Zeitungsmeldung informiert über einen besonderen Vorfall.**

Ein Dieb brachte seine Beute zurück.

Was könnte den Dieb zu seinem Verhalten gebracht haben?
Notiere eine Erklärung, indem du die Meldung mit einem weiteren Satz zu einem Satzgefüge verknüpfst.

2 **Auf den folgenden Notizzetteln stehen weitere mögliche Erklärungen für das Verhalten des Diebes.**

Er hatte ein schlechtes Gewissen.

Die Polizei legt den Fall zu den Akten.

Die Gegenstände haben ihm gut gefallen.

Seine Freunde hatten ihm dazu geraten.

a **Verknüpfe diese ebenfalls sinnvoll mit der Zeitungsmeldung aus Aufgabe 1 zu einem Satzgefüge. Verwende passende Verknüpfungswörter aus dem Wortspeicher und setze die nötigen Kommas.**
Tipp: Nicht alle Verknüpfungswörter passen.

Wortspeicher

weil obwohl nachdem da wenn damit dass

Ein Dieb brachte seine Beute zurück, weil er ein schlechtes …

b **Schreibe einen der Sätze zu einer Satzreihe um. Verwende das Verknüpfungswort „denn“. Setze das Komma.**

3 **Der folgende Text informiert dich genauer über den Hintergrund der Zeitungsmeldung.**
a **Überlege, welche Sätze sich sinnvoll zu einer Satzreihe oder einem Satzgefüge verknüpfen lassen.**
b **Schreibe den Text neu in dein Heft. Verwende passende Verknüpfungswörter und setze die nötigen Kommas.**

Nach fünf Monaten brachte ein Einbrecher seine Beute zurück. Er legte die Beute vor die Haustür. Der Eigentümer fand die Gegenstände am nächsten Morgen. Der Dieb war über Silvester in das Einfamilienhaus eingebrochen. Er wollte Wertgegenstände stehlen. Ihn plagte nun ein schlechtes Gewissen. Er war in ein fremdes Haus eingebrochen. Der Eigentümer ist noch nicht ganz zufrieden. Der Dieb hatte sogar einen Entschuldigungsbrief zu der Beute gelegt. Das zerbrochene Fenster muss noch repariert werden.

Das kann ich schon! – Rechtschreibstrategien

1 **Prüfe dein Strategiewissen. Kreuze die richtigen Antworten an.**

	Schwingen heißt, die Wörter deutlich in Silben zu sprechen.	
	Schwingen hilft bei allen Fremdwörtern.	
	Schwingen hilft bei allen Wörtern, die man schreibt, wie man sie spricht.	
	Verlängern hilft bei einsilbigen Wörtern.	
	Verlängern hilft am Wortende.	
	Verlängern hilft bei *b, d, g* und doppelten Konsonanten.	
	Zerlegen muss man einsilbige Wörter.	
	Zerlegen muss man zusammengesetzte Wörter.	
	Beim Zerlegen findet man Verlängerungsstellen, die sich im Wort befinden.	
	Ableiten hilft bei einsilbigen Wörtern.	
	Ableiten hilft bei der *ä*- und *äu*-Schreibung.	

2 **a** **Suche im Text „Die vier Spezialflugzeuge" je 5 Wörter, deren Schreibweise mit Hilfe der ersten 3 Strategien erklärt werden kann.**
b **Ordne diese 5 Wörter in die Tabelle unter dem Text ein.**

Erwin Moser

Die vier Spezialflugzeuge (Teil 1)

Nicki Stiller, der berühmte Flugzeugkonstrukteur, hat vier neue Flugzeugmodelle entworfen und gebaut. Als Erstes erfand er den fliegenden Hai. Dies ist ein sehr schnelles Jagdflugzeug. Beim ersten Flugversuch stürzte er zwar ab, aber das Modell Nr. 2 war bereits viel besser gebaut. Dann erfand Nicki das fliegende Schwein.
Dieses Modell hat eine eigenartige Antriebsart. Und zwar wird durch die Nasenlöcher des Flugschweins Luft eingesaugt. Im Inneren ist dann eine große, heiße Luftblase, die das Flugschwein aufsteigen lässt. Dann wird die Luft durch eine Düse am Ende des Schweins ausgestoßen, wodurch die Antriebskraft entsteht. [...]

3 **Bei welchen Fehlern hilft welche Strategie?**
Ordne die folgenden Beispiele der Spalte „Hilft bei …“ richtig zu. Ziehe Pfeile.

	Strategie	Hilft bei …	Beispiel: falsch – richtig
	Schwingen	fehlenden und vertauschten Buchstaben im Wort	*das Berk/werg – denn: die Berge, die Werke*
	Verlängern	■ Einsilbern und am Wortende ■ *b, d, g* und doppelten Konsonanten am Wortende	*(wir) leuten – denn: (er ist) laut*
	Zerlegen	zusammengesetzten Wörtern	*die Buhstaben – denn: die Buchstaben*
	Ableiten	Verwechslung von *e/ä* und *eu/äu*	*der Berk – denn: die Berge*

4 **Prüfe: Welche Strategie hilft dir, um die markierten Fehler in dem folgenden Text zu korrigieren?**
Ordne die korrigierten Wörter den 4 Strategiezeichen unten zu.

VORSICHT FEHLER!

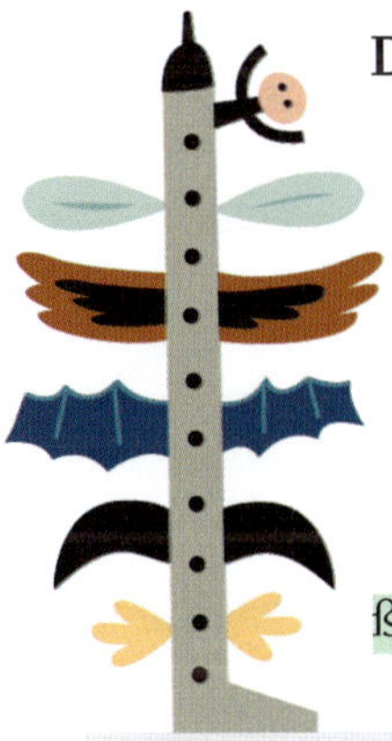

Die vier Spezialflugzeuge (Teil 2)

Als nechstes erfant Nicki Stiller den Schildkröt-Transport-Hupschrauber. Dieser Spezialhubschrauber kan große Lasten über weite Strecken transportieren. Besonders reizvol ist die Pilotenkanzel angelekt. Der Pilot hat einen schönen Runtblick. Und zum Schluss baute Nicki das 10-Flügel-Flugzeug. Das war seine tollste Erfindung. Es hat einen langen Rumpf, an dessen Seiten fünf bewekliche Flügelpaare angebraht sind. Und zwar der Reihe nach: ein Paar Libelenflügel, ein Paar Adlerflügel, ein Paar Fledermausflügel, dann Schwalbenflügel und zuletzt Spatzenflügel. Dieses Flugzeuk hat zwar einen unregelmeßigen Flug, wenn alle Flügelpaare in Bewegunk sind, aber dafür kann es niemals abstürzen. […]

Schwingen	Zerlegen
______________	______________
______________	______________
______________	______________

Verlängern	Ableiten
______________	______________
______________	______________
______________	______________
______________	______________

5 a **Mit welcher Strategie findest du die meisten Fehler?** ______________
Damit hast du den Fehlerschwerpunkt in dem Text gefunden.

b **Welche Strategie macht dir die meisten Probleme?** ______________

c **Arbeite die Seiten in diesem Arbeitsheft zu deiner Problemstrategie durch (▶ Inhaltsverzeichnis).**

Rechtschreibstrategien anwenden – Fehler vermeiden

Strategie Schwingen – Aus Silben Wörter basteln

Methode **Wörter schwingen**

- **Bevor du schreibst: Sprich** die Wörter **deutlich in Silben.** Zeichne Silbenbögen in die Luft.
- **Während du schreibst:** Sprich die Silben leise mit. Sprich nicht schneller, als du schreibst.
- **Nachdem du geschrieben hast:** Prüfe, ob du richtig geschrieben hast. Zeichne dazu die Silbenbögen unter jede Silbe und sprich leise mit.
- **Tipp:** Das Schwingen **hilft auch, wenn du** ganze **Texte abschreibst.**

1 **Die folgenden Wörter kann man schwingen, denn man schreibt sie, wie man sie spricht.**

a **Zeichne die Silbenbögen unter die Wörter und sprich dabei in Silben mit, z. B.:** ***Eu len.***

~~Eulen~~ Zitronen Meisen
Butter Ufer Hauben
Auto Wasser Mofa

~~Feder~~ Falter Knödel
Blumen Schwalben Taucher
Reklame Melonen Reparatur

~~Spitze~~ Farbe Kerne
Nester Eier Pflanze
Plakate Kerne Kosten

b **Setze die Wörter aus den Kästen zu langen Wörtern zusammen. Verwende aus jedem Kasten jeweils ein Wort, z. B.:**

Eulenfederspitze, ...

c **Notiere die beiden längsten Wörter, die du bilden konntest. Zähle die Silben.**

2 **Bei den nachstehenden Wörtern sind die Silben durcheinandergeraten. Ordne sie und schreibe die Wörter richtig auf.**
Tipp: Gehe beim Aufschreiben vor wie in der Methode oben beschrieben.

fe tel man ter Win knöp	*Win...*
nen scha Ba na len	
ken der ker zen Wun fun	
me Kat bäu kratz zen	

3 **Erschließe die Bedeutung von mindestens 3 deiner zusammengesetzten Wörter (▶ Aufgaben 1 b und 2).**
Gehe dabei von hinten nach vorn vor.
Schreibe in dein Heft, z. B.: *Eulenfederspitze = Spitze der Feder einer Eule.*

Information **Offene und geschlossene Silben unterscheiden**

- Aus **Lauten** bilden wir **Silben.** Das Zentrum einer Silbe ist der **Vokal.**
- Enden Silben mit einem **Vokal**, nennt man sie **offen**.
  Man spricht den **Vokal lang,** z. B.: *ba den.*
- Enden Silben mit einem **Konsonanten,** nennt man sie **geschlossen**.
  Man spricht den **Vokal kurz,** z. B.: *bin den.*

1 a **Arbeite mit der Wörterbastelmaschine. Bilde aus den Silben mindestens 10 zweisilbige Wörter.**
Tipp: Die offene Silbe kann am Anfang oder am Ende stehen, z. B.: *le ben, die Schel le.*

Offene Silben	Geschlossene Silben
le beu le le le re de de so so bo bo re wa wie ge schau	al ben der den en er gar gen gen gen hen schel ter tur vor

b **Markiere die offene Silbe in den 10 von dir gebildeten Wörtern.**

2 **Notiere Wörter, die du aus 2 offenen Silben bilden kannst. Nutze die Wörterbastelmaschine.**

3 a **Bestimme in den folgenden Wörtern die Zahl der Silben. Schreibe die Silbenzahl in die Kästchen.**

b **Notiere das Wort mit den meisten Silben:** ______

Hemdenknöpfe	☐	Strickjackenkapuze	☐	Wintermantelkragen	☐
Kleiderhaken	☐	Damenblusenkragengröße	☐	Pudelmützenbommel	☐
Gürtelschnalle	☐	Hosenbeinweite	☐	Lederarmband	☐
Sommerblusenstoffe	☐	Streifenmuster	☐	Oberhemdenmuster	☐

c **Markiere alle offenen Silben in einer Farbe.**
d **Wie heißen die beiden Wörter mit den meisten offenen Silben?**

Strategie Verlängern – Einsilber und unklare Auslaute

Methode **Wörter verlängern**

- Beim Schwingen kann man in der Regel jeden Buchstaben deutlich hören, z. B.: *der Som mer.*
- Bei Einsilbern und am Wortende kann man Buchstaben aber nicht immer sicher zuordnen, z. B.: *b, d, g und doppelte Konsonanten.*
- Dann hilft die Strategie „Verlängern". **Verlängern** heißt: **Man fügt an das Wort eine Silbe an,** z. B.:

*der Ber**g** – denn: die Ber **g**e,* *der Bussar**d** – denn: die Bus sar **d**e* *der Unfa**ll** – denn: die Un fäl **l**e*

1 **a** **Kreuze im Folgenden die beiden einsilbigen Wörter an, die du so schreibst, wie du sie sprichst.**
b **Markiere den unklaren Laut bei allen anderen Wörtern.**

- ☐ der Herd
- ☐ das Werk
- ☐ das Geld
- ☐ das Schilf
- ☐ der Zwerg
- ☐ der Freund
- ☐ das Schild
- ☐ die Burg
- ☐ das Hemd

c **Beweise die Schreibung der Wörter mit den unklaren Lauten.**
Verlängere sie, indem du diese Wörter in die Mehrzahl (Plural) setzt (▶ Methode).

______________ ______________ ______________

______________ ______________ ______________

____

2 **a** **Kreuze im Folgenden alle zweisilbigen Wörter an, die du so schreibst, wie du sie sprichst.**
b **Markiere den unklaren Laut bei allen anderen 9 Wörtern.**

- ☐ der Vorstand
- ☐ der Beschluss
- ☐ riskant
- ☐ der Abfall
- ☐ der Verband
- ☐ der Bestand
- ☐ der Gepard
- ☐ der Überfall
- ☐ der Bezug
- ☐ das Prinzip
- ☐ der Anfall
- ☐ der Mantel

c **Beweise die Schreibung der Wörter mit den unklaren Lauten. Verlängere sie, z. B.:**

der Vorstand - die Vorstände

____

____

3 **Schreibe einen Satz, in dem mindestens 4 zu verlängernde Wörter vorkommen. Unterstreiche diese Wörter.**

____

____

Methode **Wie man verschiedene Wortarten verlängert**

- **Nomen** setzt man in die Mehrzahl (Plural), z. B.: *der Stall – die Ställe.*
- **Verben** setzt man in eine andere Personalform, z. B.: *er schwimmt – wir schwimmen.*
- **Adjektive** steigert man, z. B.: *still – stiller als.*

1 **Bestimme die Wortart der folgenden 9 Wörter.**
Unterstreiche die Nomen blau, die Verben grün und die Adjektive schwarz.

kommt klagt der Kamm nennt still das Bild wild der Held hell

Elisabeth Borchers

Kleines Wörterbuch

aus Wort und Zahl ______
und Hunger und Mahl ______
und Stein und Bein ______
und mein und dein ______
mit Punkt und Strich ______
und Hieb und Stich – die Hiebe
und komm und geh ______
und Heim und Weh ______
von Nord nach Süd ______
bis froh und müd ______
auch Flug und Ritt ______
und Dank und Bitt ______
dann such und find ______
ein schönes Kind ______
aus Morgen, Rot ______
bis Abend, Brot ______
von Berg zu Werk ______
aus Fried und Streit ______
und Lieb und Leid ______
und Leib und Seel ______
dazu ein Haus ______
und Aus ______

2 **Warum trägt das Gedicht diesen Titel? Kreuze die zutreffenden Antworten an.**

- ☐ ... weil es nur Wörter aufzählt.
- ☐ ... weil es darin um die Geschichte eines kleinen Wörterbuchs geht.
- ☐ ... weil es eine Wörterbuchseite abbildet.
- ☐ ... weil man darin wie in einem Wörterbuch ganz verschiedene Wörter findet.

3 **a** **Markiere Wörter, die du verlängern musst, um ihre Schreibung zu beweisen, mit dem Strategiezeichen.**
Tipp: Diese Zeichen solltest du unterbringen:

b **Schreibe die Verlängerungswörter hinter den jeweiligen Vers.**

Strategie Zerlegen – Zusammengesetzte Wörter

Methode Wörter zerlegen

- Viele zusammengesetzte Wörter kann man einfach schwingen.
- **Unklare Auslaute und Einsilber** in **zusammengesetzten Wörtern** findet man, indem man die Wörter **zerlegt,** z. B.:

*der Aben**d**/stern – denn: die A ben **de***

1 **a** **Schwinge die Pflanzennamen. Kreuze an: Bei welchen Wörtern hörst du deutlich, wie man sie schreibt?**
Tipp: Es sind 8 Wörter.

b **Markiere bei den anderen Wörtern den unklaren Laut.**

1 die Ebereschenfrüchte ☒
2 die Berggoldnessel ☐
3 die Brennnessel ☐
4 der Frauenmantel ☐
5 die Waldrebe ☐
6 der Tannenwedel ☐
7 der Essigbaum ☐
8 der Pflücksalat ☐
9 die Königs | kerze ☐
10 der Binsenginster ☐
11 der Zwergholunder ☐
12 der Trompetenbaum ☐
13 die Engelstrompete ☐
14 die Taubnessel ☐
15 die Glockenblume ☐
16 das Pfaffenhütchen ☐

13 2 16 15 9 1 4

c **Erkläre die Schreibweise der Wörter, die einen unklaren Laut haben, z. B.: *die Köni**g**s/kerze – denn: die Köni**g**e.***

____

____

____

2 **Setze ein: einfacher oder doppelter Konsonant? Beweise die Schreibung.**

m/mm: der He**mm**schuh – denn: hemmen | der Ka___molch – denn: ______
l/ll: das Ro___feld – denn: ______ | der Kna___körper – denn: ______
t/tt: der Ro___fuchs – denn: ______ | der Ro___weiler – denn: ______
p/pp: das Kla___rad – denn: ______ | das Hu___konzert – denn: ______
n/nn: das Bre___glas – denn: ______ | das Spa___laken – denn: ______
k/ck: das Ha___fleisch – denn: ______ | das Qua___konzert – denn: ______

Methode **Wie man Wörter zerlegen kann – Wortbausteine abtrennen**

- Wenn man **Wortbausteine abtrennt,** kann man **Verlängerungsstellen finden,** z. B.: *end|los|, end|lich|* – *denn: das Ende.*
- Die Bausteine ***-ig, -lich, -los, -bar, -haft*** kennzeichnen **Adjektive,** z. B.: *wind|ig|.*
- Die Bausteine ***-heit*** und ***-schaft*** kennzeichnen **Nomen,** z. B.: *die Kund|schaft|.*

1 **Zerlege und verlängere die Wörter wie im ersten Beispiel.**

die Land|schaft| – denn: die Län **d**er

die Feigheit – denn: ______

die Herrschaft – denn: ______

die Wildheit – denn: ______

die Bekanntheit – denn: ______

die Mannschaft – denn: ______

die Gesundheit – denn: ______

die Klugheit – denn: ______

2 **In dem Suchgitter haben sich 13 Adjektive mit den Bausteinen -lich, -los und -haft versteckt. Umrahme sie und notiere sie wie folgt in deinem Heft:**

täg|lich| – denn: die Tage, ...

F	O	Ü	T	Ä	G	L	I	C	H	X
Ä	Ö	B	T	L	E	B	H	A	F	T
F	V	E	R	G	E	B	L	I	C	H
H	B	R	G	R	R	L	N	R	T	F
A	I	H	E	U	F	A	E	A	A	B
N	L	E	L	N	O	T	I	N	U	B
D	D	B	B	D	L	T	D	D	G	P
L	L	L	L	L	G	L	L	L	L	T
I	I	I	I	O	L	O	O	O	I	H
C	C	C	C	S	O	S	S	S	C	M
H	H	H	H	B	S	J	A	U	H	X

3 **a** **Markiere in den Sätzen A bis E für Adjektive typische Wortbausteine. Setze das Strategiezeichen an die entsprechenden Stellen.**
b **Schreibe die Verlängerungswörter über das Wort oder hinter den Satz.**

A Verderbliche Ware muss man täglich kontrollieren. ______

B Farblich war die Kleidung ganz auf gelbliche Töne abgestimmt. ______

C Seine randlose und farblose Brille sah toll aus, das musste man neidlos anerkennen. ______

D Die Ballschüsse des Stürmers waren glücklos und leider nicht erfolgreich. ______

E Daher warteten die Zuschauer vergeblich auf den Sieg. ______

Strategie Ableiten – *e* und *ä* sowie *eu* und äu unterscheiden

Methode | **Wörter mit *ä* und *äu* ableiten**

- **Ableiten** heißt: **verwandte Wörter mit *a* und *au* finden.**
- **Normalerweise** schreibt man ***e*** oder ***eu*.**
- Wenn es **verwandte Wörter mit *a* oder *au*** gibt, dann schreibt man ***ä* oder *äu*,** z. B.:

die Welt – aber: er trägt, denn: tragen *die Leute – aber: läuten, denn: laut*

Tipp: Wörter wie ***Säbel*** und ***Bär*** muss man sich **merken,** weil es kein verwandtes Wort mit *a* gibt.

e oder *ä* ?

1 **Setze *e* oder *ä* ein. Schreibe zu den Wörtern mit *ä* das verwandte Wort mit *a* als Beweiswort dazu.**

die Z_ä_hne
denn: *der Zahn*

die W_e_ge
denn: *kein verwandtes Wort mit a*

gef__hrlich
denn: ____

t__glich
denn: ____

das H__hnchen
denn: ____

st__mmig
denn: ____

fl__chig
denn: ____

die Z__cke
denn: ____

die N__hmaschine
denn: ____

das S__ckchen
denn: ____

die Gl__tte
denn: ____

l__cker
denn: ____

das B__llen
denn: ____

w__hlerisch
denn: ____

z__nkisch
denn: ____

2 **In diesem Suchgitter findest du 11 Wörter mit *ä*, die man sich merken muss. Umrahme sie und schreibe sie alphabetisch geordnet neben dem Suchgitter auf.**

A	L	L	M	Ä	H	L	I	C	H
E	E	R	S	Ä	B	E	L	R	N
R	H	A	G	K	Ä	F	E	R	H
B	X	Ä	R	G	E	R	N	V	A
G	U	B	A	B	W	Ä	G	E	N
C	X	G	Ä	H	N	E	N	E	X
R	G	E	L	Ä	N	D	E	R	Z
B	Ä	R	I	C	L	Ä	R	M	C
U	I	O	X	F	J	M	Ä	R	Z
W	T	H	Ö	Ä	H	R	E	E	F

eu oder *äu*?

1 **Setze *eu* oder *äu* ein.**
Schreibe zu den Wörtern mit *äu* das verwandte Wort mit *au* als Beweiswort dazu.

das M*äu*schen	die R*eu*e	h___slich
denn: *die Maus*	denn: *kein verwandtes Wort mit au*	denn: ___
das Geb___de	der Str___wagen	die Bauernschl___e
denn: ___	denn: ___	denn: ___
k___flich	s___men	der N___mond
denn: ___	denn: ___	denn: ___
das Glockenl___ten	ger___schlos	die Tr___merei
denn: ___	denn: ___	denn: ___
r___berisch	sch___men	das S___getier
denn: ___	denn: ___	denn: ___

2 **Die folgenden 6 Wörter mit *äu* musst du dir merken. Man kann sie nicht ableiten.**
Trage die 6 Merkwörter in das Wortgitter ein.

Knäuel Säule räuspern sträuben erläutern täuschen

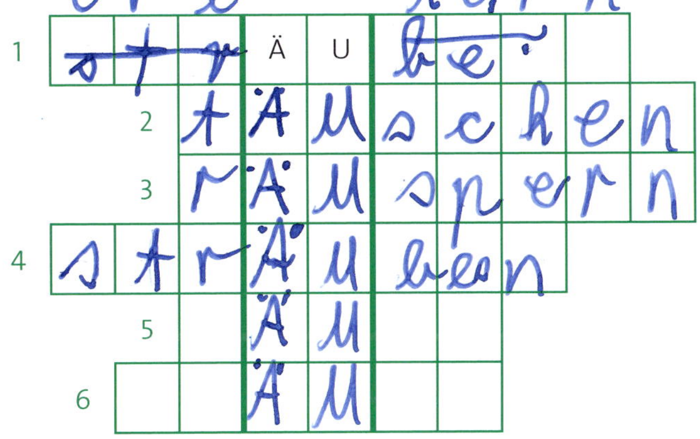

3 **Arbeite mit einem Lernpartner. Lest euch gegenseitig Wörter mit *e/ä* und *eu/äu* vor.**
Der Partner begründet die Schreibweise durch ein Beweiswort. Für jede richtige Antwort gibt es einen Punkt.
Wechselt euch ab.

4 **Formuliere in deinem Heft mindestens 3 Sätze, in denen möglichst viele Wörter mit *ä* und *äu* vorkommen.**

Mit Strategien richtig abschreiben

Methode **Richtig abschreiben**

- **Lies eine Zeile** des Textes und **merke** sie dir.
- **Schreibe die Zeile,** die du dir gemerkt hast, auf und **sprich** sie **mit.**
- **Lass dir Zeit,** während du die Zeile überträgst. Schreibe jeden **Buchstaben deutlich und leserlich.**
- **Kontrolliere dein Ergebnis** mit Hilfe der Zeile, die du abgeschrieben hast.
- Fahre mit der nächsten Zeile fort usw.

Kristian Pech

Schwieriger Zwerg

Der Zwerg wohnt in einem Berg
Der Berg ist ein Zwergberg
Der Zwerg ist ein Bergzwerg
Dem Bergzwerg im Zwergberg
Gehört ein Zwergbergwerk
Das Zwergbergwerk des Bergzwergs
Im Zwergberg ist ein
Zwergbergs-Bergzwergs-Zwergbergwerk
Der Bergzwerg im Zwergberg
Mit dem Zwergbergwerk ist ein
Zwergbergs-Zwergbergwerks-Bergzwerg
Der Zwergbergs-Zwergbergwerks-Bergzwerg
Mit dem Zwergbergs-Bergzwergs-Zwergbergwerk
Sucht dringend eine einfache Zwergin

1 Lies das Gedicht mehrere Male, bis du es sicher laut vorlesen kannst.

2 a Bereite dich vor, das Gedicht abzuschreiben:
Zerlege die zusammengesetzten Wörter, indem du einen Trennstrich ziehst.
b Markiere Stellen, an denen du verlängern musst, mit dem Strategiezeichen .

3 Schreibe das Gedicht fehlerfrei ab. Nutze die Methode „Richtig abschreiben“.

Im Wörterbuch nachschlagen

Methode **Wörter im Wörterbuch finden**

- Um Wörter im **Wörterbuch** nachzuschlagen, musst du das **Alphabet** gut beherrschen.
- So sind die Wörter im Wörterbuch alphabetisch geordnet, und zwar nach dem ersten, dem zweiten, dem dritten Buchstaben usw., z. B.:
  der ***B**aum* *der* ***Be**rg* *der* ***Bes**en* *der* ***Best**e ...*

1 **Ordne die Wörter auf dem Fließband möglichst schnell nach dem Alphabet. Stoppe die Zeit und vergleiche mit einem Lernpartner.**

2 **Bringe die folgenden Wörter mit dem Anfangsbuchstaben *F/f* in die richtige Reihenfolge.**

Faden Falke fahren Fackel Fach Fachfrau Fachmesse Fachleute Fachwerk Fantasy fertig faul fein

3 **In dem Suchgitter verstecken sich 10 zusammengesetzte Wörter mit dem Anfangsbuchstaben *H*. Markiere sie. Schreibe sie alphabetisch geordnet neben dem Gitter auf.**

Q	H	A	A	R	K	L	A	M	M	E	R	P	J	K
P	J	R	L	D	J	H	A	L	B	J	A	H	R	A
U	N	X	C	V	H	A	G	E	L	K	O	R	N	O
H	A	I	F	I	S	C	H	F	L	O	S	S	E	N
H	A	N	D	B	R	E	M	S	E	X	Z	E	W	M
L	W	E	C	Q	H	A	C	K	M	E	S	S	E	R
V	D	C	H	A	L	B	F	I	N	A	L	E	J	B
A	L	H	A	F	E	N	P	O	L	I	Z	E	I	X
P	Y	R	H	A	C	K	E	N	T	R	I	C	K	Z
G	Ö	N	F	H	A	L	T	E	V	E	R	B	O	T

4 **Übe mit dem Wörterbuch:**

a **Übertrage daraus jeweils die ersten 3 Wörter in dein Heft, die mit diesen Buchstaben beginnen: *B, K* und *L*.**

b **Markiere für die Wörter mit *B, K* und *L* den Buchstaben, der die alphabetische Reihenfolge bestimmt.**

Teste dich!

1 **Markiere in den Sätzen A bis D alle Wörter, die man verlängern muss, mit dem Strategiezeichen.**
Tipp: Du musst 15 Verlängerungszeichen einsetzen.

PUNKTE

A Das Kind mag gerne leckeren Kuchen. Es isst liebend gerne Süßes.

B Der Mond hat an diesem Abend einen Rand, der hell leuchtet.

C Wenn die Nachtigall singt, hallt es weit ins Land.

D Der Rabe klaut dem jungen Vogel schnell die Beute, und der guckt dumm hinterher.

2 **a Kreuze die 6 Wörter an, die man zerlegen muss, um die Schreibweise zu begründen.**

b Zerlege die Wörter. Markiere alle Verlängerungsstellen so, z. B. *Wald|kauz.*

Tipp: Du benötigst 8 Verlängerungszeichen.

PUNKTE

☐ Büroklammer	☐ Weinbergschnecke	☐ Bergwanderung
☐ Handschuhe	☐ Tannennadel	☐ Waldweg
☐ Ballspiele	☐ Handbremse	☐ Geigenkasten

3 **a Markiere in den Sätzen A bis D alle 9 Ableitungsstellen mit dem Strategiezeichen.**
b Schreibe die Beweiswörter dazu.

PUNKTE

A Wegen der Straßenglätte waren wir täglich unpünktlich. – denn: glatt

B Die Turmbläser, die allnächtlich die Zeit angeben, gibt es nur noch selten. ____________

C Das Kind träumte und kämmte dabei sein prächtiges Haar. ____________

D Die Vögel verjagen die Räuber ihrer Nester mit lautem Krächzen. ____________

4 **Ordne die folgenden Hunderassen nach dem Alphabet.**

PUNKTE

Chihuahua Dobermann Labrador Dackel Mops
Rottweiler Beagle Collie Boxer Spitz Pudel

____

____

____

5 **Prüfe deine Lösungen und die Punktzahl mit Hilfe des Lösungsheftes (▶ S. 23–24).**

PUNKTE

Rechtschreibung verstehen – Regeln anwenden

Wie spricht man die erste Silbe?

Information **Offene und geschlossene Silben unterscheiden**

- Enden Silben mit einem **Vokal,** nennt man sie offen, z. B.: *sa gen.*
- Enden Silben mit einem **Konsonanten,** nennt man sie geschlossen, z. B.: *wan dern.*

1 **Untersuche die Wörter im Wörterkasten.**

a **Ziehe unter jedes Wort die Silbenbögen und markiere alle offenen Silben grün.**

die Heizung die Treppe das Fenster der Kamin der Ofen der Garten

b **Ordne die Wörter richtig in die folgende Tabelle ein. Beachte die erste Silbe.**

c **Prüfe, wie man den Vokal der ersten Silbe spricht. Kreuze die richtigen Antworten unter der Tabelle an.**

Erste Silbe offen	Erste Silbe geschlossen
die ______, der ______	die ______, das ______
	der ______

Man spricht den Vokal ☐ lang ☐ kurz. Man spricht den Vokal ☐ lang ☐ kurz.

2 **Einsilber musst du verlängern, um die erste Silbe bestimmen zu können. Verlängere die folgenden Wörter und ordne sie richtig in die Tabelle aus Aufgabe 1 ein.**

das Kleid das Hemd der Strumpf der Rock der Knopf der Ring der Stoff die Hand
das Tal der Berg der Zug der Fluss die Maus der Platz das Gras

3 **Bilde einen Satz. Bringe in diesem Satz möglichst viele Wörter aus den Aufgaben 1 und 2 unter.**

Doppelte Konsonanten – Achte auf die erste Silbe

Information **Regel für doppelte Konsonanten**

- **Doppelte Konsonanten** schreibt man **nur,** wenn die **1. Silbe** geschlossen ist.
- Stehen an der **Silbengrenze zwei verschiedene Konsonanten, verdoppelt** man **nicht,** z. B.: zwei verschiedene Konsonanten: *die Brem se* – aber zwei gleiche Konsonanten: *der Brum mer.*
- Um die Regel anzuwenden, muss man Einsilber verlängern und zusammengesetzte Wörter zerlegen.

1 **a** **Schwinge die Wörter, die auf der Fahne stehen. Markiere die erste Silbe grün, wenn sie offen ist.**

b **Sortiere die Wörter in deinem Heft in eine Liste wie folgt ein.**

Erste Silbe offen	Erste Silbe geschlossen

c **Betrachte deine Tabelle und vervollständige die folgende Regel.**

Regel: Doppelte Konsonanten schreibt man nie, wenn die erste Silbe ______ ist.

2 **a** **Verlängere die folgenden Verben, um die Regel anwenden zu können. Sprich die Wörter laut.**
er: baut passt bellt kommt meint freut schreibt rollt träumt schafft füllt glaubt nennt

b **Liste die Verlängerungswörter wie folgt in deinem Heft auf.**

Erste Silbe offen	Erste Silbe geschlossen
wir ______, wir ______	

3 **Zerlege die folgenden Wörter und entscheide: einfacher oder doppelter Konsonant?**

z. B.: der Renn/wagen – denn: re*nn*en | das Glatt/eis – denn: die Glä*tt*e

l/ll: Ba____spiele – denn: ______ | Wa____dgebiete – denn: ______

m/mm: Bre____sspur – denn: ______ | Schwi____meister – denn: ______

n/nn: Bre____eisen – denn: ______ | Bra____dursache – denn: ______

p/pp: Hu____konzert – denn: ______ | Sü____chen – denn: ______

Zwei Konsonanten – gleich oder verschieden?

1 **a** **Schwinge die folgenden Wörter. Markiere die Buchstaben an der Silbengrenze, z. B.:** ***die But ter, tan zen.***

der Schlitten die Schilder die Schiffe die Schufte die Rinne die Rinde die Kammer die Fremde

b **Ordne die Wörter richtig in eine Tabelle wie folgt ein. Schreibe in dein Heft.**

Zwei gleiche Konsonanten.	Zwei verschiedene Konsonanten

c **Betrachte deine Tabelle. Vervollständige die folgende Regel mit:** ***geschlossen/offen verschiedene/gleiche.***

Regel: Wenn die erste Silbe ______ ist, dann stehen an der Silbengrenze immer zwei ______ oder zwei ______ Konsonanten.

2 **a** **Verlängere die folgenden Verben, um die Regel anwenden zu können. Sprich die Wörter laut.**
er: bellt springt stellt rutscht tanzt schwimmt schimpft lernt fällt
b **Trage die Verlängerungswörter in die Tabelle aus Aufgabe 1 ein.**

3 **Lies das Gedicht mehrere Male, bis du es sicher laut vorlesen kannst.**

Boy Lornsen

Kümmelwurz und Lümmelwurz

Im Walde stand ein Kümmelwurz
so aufrecht wie ein Ritter.
Daneben wuchs der Lümmelwurz.
Und der war gallebitter.
Nun riet der schlaue Lümmelwurz
dem nicht so schlauen Kümmelwurz:
Wir tauschen unsere Blätter.
Dann wird aus Kümmel- Lümmelwurz
Und aus dem Lümmel- Kümmelwurz.
Das fände jeder netter.

Da nahte Witwe Krüngelpurz,
die suchte einen Kümmelwurz,
dass der die Suppe würze.
Drum pflückte sie den Kümmelwurz,
Der eigentlich ein Lümmelwurz,
und tat ihn in die Schürze.
Und so verdarb ein Lümmelwurz,
der äußerlich ein Kümmelwurz,
ihr eine gute Suppe;
denn der ganz echte Kümmelwurz,
der aussah wie ein Lümmelwurz,
war dieser Frau ja schnuppe.

4 **Worum geht es in dem Gedicht? Kreuze die richtigen Aussagen an.**

- ☐ Es geht um ein Tier.
- ☐ Es geht um ein Gewürzkraut, das einer Frau die Suppe verdirbt.
- ☐ Es geht darum, dass zwei Pflanzen ihre Blätter tauschen und eine Frau sie deshalb verwechselt.

5 **Markiere im Gedicht**
- 5 Wörter mit doppelten Konsonanten orange.
- 5 Wörter, in denen die erste Silbe offen ist, grün.
- 5 Wörter, die du verlängern musst, mit dem Strategiezeichen.

i oder *ie*? – Achte auf die erste Silbe

Information **Regel für Wörter mit *i* oder *ie***

- Die **meisten Wörter** mit *i*-Laut schreibt man mit einfachem *i*.
  Man schreibt **immer** *i*, wenn die **1. Silbe geschlossen** ist, z. B.: *das* ***Sig*** *nal.*
- Man schreibt **nur** *ie*, wenn die **1. Silbe offen** ist, z. B.: *die* ***Zie*** *le.*
  Diese Regel gilt **nur für zweisilbige deutsche Wörter,** nicht bei Fremdwörtern.

1 **a Schwinge die nachstehenden Wörter. Markiere die erste Silbe im Wort grün, wenn sie offen ist.**

der Riese die Rinder die Wiese die Winde die Spiele die Bilder der Spiegel der Springer die Stiele

b Ordne die Wörter richtig in die folgende Tabelle ein.
c Prüfe, wie man die erste Silbe spricht. Kreuze die richtigen Antworten unter der Tabelle an.

Wörter mit *ie*	Wörter mit *i*

Man schreibt *ie*, wenn die erste Silbe offen ☐ / geschlossen ☐ ist.

Man schreibt *i*, wenn die erste Silbe offen ☐ / geschlossen ☐ ist.

2 **Einsilber musst du verlängern, um die Schreibweise zu beweisen.**
Verlängere die folgenden Verben und ordne sie richtig in die Tabelle aus Aufgabe 1 ein.

er: liegt ringt schiebt klingt gießt schimpft friert schließt bringt schwimmt sprießt spritzt zielt

3 **Bilde einen Satz mit mindestens 5 *i/ie*-Wörtern.**
Markiere die Wörter, wenn sie verlängert werden müssen.

4 **a** **In dem Suchgitter findest du waagerecht 10 zusammengesetzte *i/ie*-Wörter. Umrahme sie.**

R	I	C	H	T	E	R	S	P	R	U	C	H	N	S	E
D	P	N	X	W	V	A	W	I	L	D	H	Ü	T	E	R
D	R	S	C	H	I	L	D	K	R	Ö	T	E	Y	A	Q
A	H	V	H	C	N	I	E	S	A	N	F	A	L	L	D
E	F	B	Z	I	E	H	H	A	R	M	O	N	I	K	A
T	I	E	R	S	C	H	U	T	Z	G	E	S	E	T	Z
K	K	D	I	E	N	S	T	A	U	S	W	E	I	S	Z
G	B	O	B	L	I	T	Z	A	B	L	E	I	T	E	R
Z	I	E	L	F	E	R	N	R	O	H	R	Ä	Ä	X	Ä
E	H	A	G	I	F	T	S	T	A	C	H	E	L	M	E

b **Ordne die 10 Wörter aus dem Suchgitter in die folgende Tabelle ein und begründe: *i* oder *ie*?**
z. B.: *das An/spiel – denn: die Spie le*   *der Bind/faden – denn: bin den*

Wörter mit *ie*	Wörter mit *i*
____ - denn: ____	____ - denn: ____
____ - denn: ____	____ - denn: ____
____ - denn: ____	____ - denn: ____
____ - denn: ____	____ - denn: ____
____ - denn: ____	____ - denn: ____

5 **Setze in die Sätze A bis E richtig ein: *i* oder *ie*?**

A S___ben junge W___ldz___gen sp___len auf der W___se und überz___hen die Täler mit dem Kl___ngeln ihrer Glocken.

B V___rzehn kleine Schn___rkelschnecken flüchten vor den feindl___chen Angr___ffen und verz___hen sich in ihre Gehäuse.

C Der Duft von Z___mtschnecken und B___nenst___ch lässt mir das Wasser im Mund zusammenfl___ßen und ich beiße g___rig in den Kuchen h___nein.

D V___rundv___rzig kl___tzekleine W___selk___nder fl___hen z___lstrebig vor den lärmenden Menschenk___ndern und verz___hen sich in den s___cheren Bau.

E Der Hon___g der B___nen verlockt kleine n___dl___che Bärenk___nder zum z___mlich gemeinen D___bstahl.

6 **Wiederhole die Regel für Wörter mit *ie* (▶ S. 94). Ergänze den folgenden Satz:**

Man schreibt nur ie, wenn die ________ Silbe ______________________ ist, z. B.: die Zie le. Diese Regel gilt nur für ______________________, nicht für ______________________ und ______________________.

7 **a Trage diese Wörter in das Wortgitter unten ein:**

senkrecht: 1. Turbine, 2. Zigarre, 3. Sambia, 4. Variante, 6. Delfine, 8. Sultanine, 10. Trinidad, 11. Maschine

waagerecht: 5. Mediziner, 7. Tripolis, 9. Zigarette, 12. Brasilien, 13. Ölsardine, 14. Argentinien

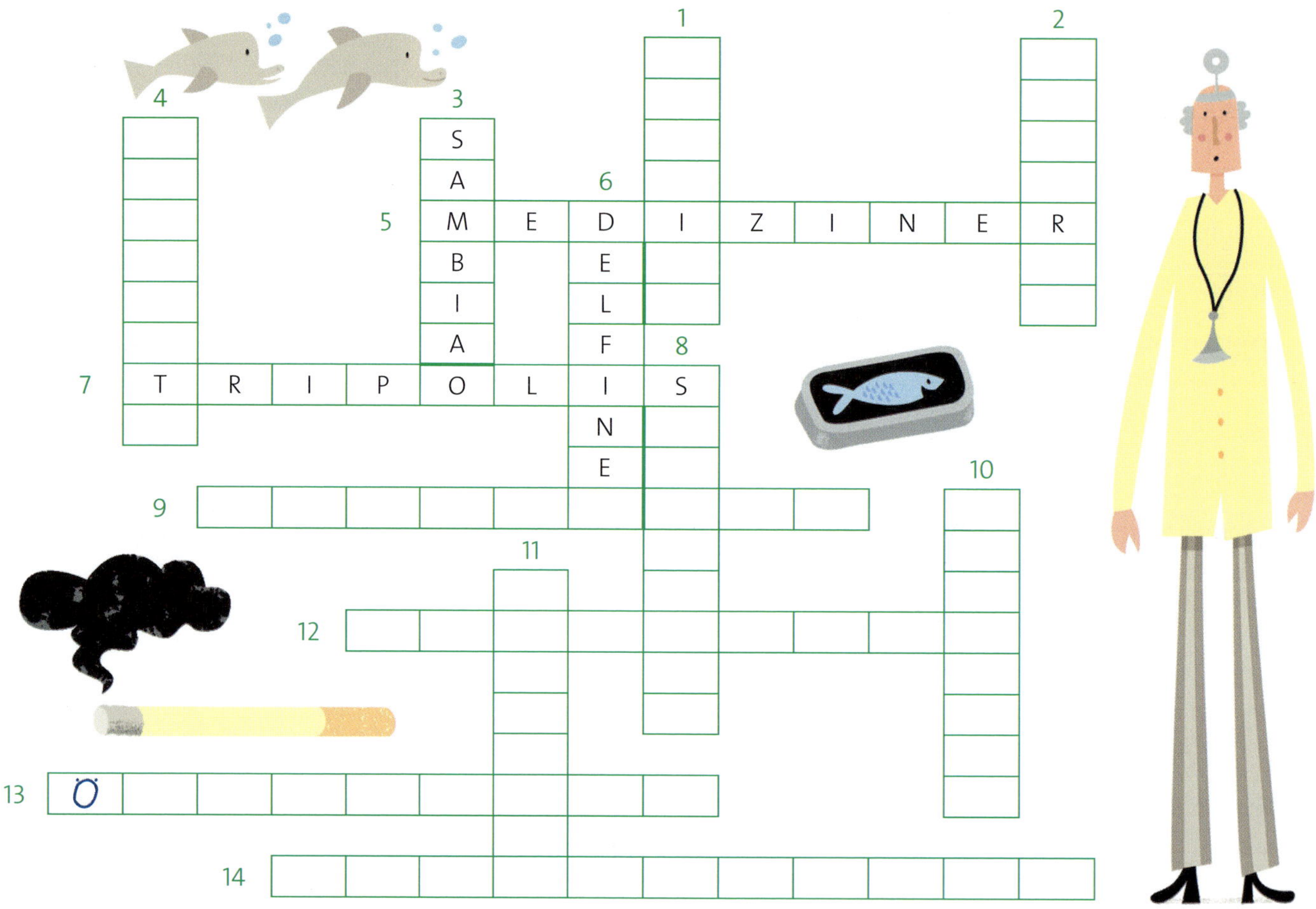

b Erkläre: Warum schreibt man diese Wörter nicht mit *ie*?

____

____

8 **a Das Wort „Maschine" gehört zu den Wörtern, die sehr häufig falsch geschrieben werden. Erweitere die Liste der Maschinen zum: *Backen, Binden, Legen, Waschen, Drucken, Schälen, Biegen …***

Brotbackma______________________, ______________________

____

b Formuliere in deinem Heft Sätze mit den Maschinenwörtern, z. B.:
Eine Maschine, mit der man Spargel schält, ist eine Spargelschälmaschine.

Wörter mit *h* – Hören oder merken

Information **Regel für Wörter mit *h***

- Bei **einsilbigen Wörtern** kann man das *h* nicht hören. Wenn man sie **verlängert,** erscheint das *h* bei vielen Wörtern zu Beginn der **2. Silbe.** Es **öffnet** die 2. Silbe **hörbar,** z. B.: *dre hen*.
- Bei anderen Wörtern bleibt das *h* in der **1. Silbe** stehen. Es ist **nicht hörbar.** Diese Wörter sind **Merkwörter,** z. B.: die *Boh nen*.

1 **Prüfe die folgenden Verben mit *h*. Um welches *h* handelt es sich jeweils?**
Markiere die Wörter wie im Beispiel mit ↪ oder M.

er: zieht (↪) zehn (M) das Mahl mahlt zählt blüht sieht wählt früh zäh wohnt der Zahn weh

2 **Auf dem Notizzettel findest du wichtige h-Wörter, die man sich merken muss.**
Ordne sie in die nachstehende Wörterliste richtig ein.

kühl der Draht lehren ähnlich die Kohle die Ehre allmählich die Bahn der Hohn dehnen mehr die Sahne der Mohn der Lohn der Ruhm die Uhr die Bühne das Mehl der Sohn

Wörter mit *ah/äh*	Wörter mit *eh*	Wörter mit *oh/öh*	Wörter mit *uh/üh*

3 **a** **Markiere in den Sätzen 1 bis 6 alle *h*-Wörter, die man sich merken muss, mit dem Strategiezeichen M.**
b **Markiere alle Wörter grün, in denen man das *h* hört, wenn man das Wort verlängert.**
c **Was gehört zusammen? Verbinde die Sätze sinnvoll mit Pfeilen.**
d **Schreibe die Sätze richtig in dein Heft.**

1 Der Mohn blüht rot, … — … und das lässt alle Dorfbewohner früh aufstehen.
2 Die Mühle hat Windflügel, … — … und fuhr in den Graben.
3 Der Zahnarzt zieht den Zahn, … — … weil er seit zehn Tagen schmerzt.
4 Der Fahrer des Wagens verlor die Kontrolle … — … und sein Sohn holt die berühmten Frühstückseier.
5 Der Züchter hält die Hühner in einem Stall, … — … und er blüht früh im Jahr.
6 Der Hahn kräht in der Frühe, — … die die Mühlsteine drehen, die das Korn mahlen.

s oder *ß*? – Summend oder zischend

Information **Regel für Wörter mit *s*-Laut (Teil 1)**

- Man schreibt **s,** wenn die **1. Silbe offen** ist und man den **s-Laut stimmhaft summend** spricht, z. B.: *die Grä ser, die Mäu se.*
- Man schreibt **ß,** wenn die **1. Silbe offen** ist und man den **s-Laut stimmlos zischend** spricht, z. B.: *die Flö ße, die Grü ße.*
  Um diese Regeln für den s-Laut anzuwenden, braucht man das zweisilbige Wort.

1 a **Lies deutlich die 6 Wörter in der Tabelle. Wie sprichst du den s-Laut?**
Tipp: Lege deine Hand auf den Kopf und achte auf die Aussprache.
Den zischenden s-Laut merkst du nicht, aber den summenden s-Laut merkst du in der Hand.
b **Kreuze die richtigen Antworten unter der Tabelle an.**

die Rose, der Hase, das Wesen	draußen, außen, grüßen

- ☐ Die erste Silbe ist offen.
- ☐ Die erste Silbe ist geschlossen.
- ☐ Den s-Laut spricht man summend.
- ☐ Den s-Laut spricht man zischend.

- ☐ Die erste Silbe ist offen.
- ☐ Die erste Silbe ist geschlossen.
- ☐ Den s-Laut spricht man summend.
- ☐ Den s-Laut spricht man zischend.

2 **Bei Einsilbern hörst du den Unterschied zwischen *s* und *ß* nicht.**
a **Verlängere die folgenden Wörter. Entscheide: *s* oder *ß*?**
b **Trage die Verlängerungswörter richtig in die Tabelle aus Aufgabe 1 ein.**

der Prei___ der Strau___ das Ma___ das Ei___ der Sto___ das Gla___ hei___ das Lo___

3 **Zerlege die Wörter im „Summ- und Zischkasten". Schreibe sie ins Heft und ordne sie den Wortfamilien zu:**
A *das Los* B *der Stoß* C *das Glas*

stoßempfindlich die Lostrommel die Glasflasche die Glasnudel stoßfest die Glastür die Stoßrichtung der Glasmaler der Stoßdämpfer die Glasbläser der Losverkäufer der Abstoß der Loskauf

4 **Formuliere in deinem Heft einen Satz, in dem mindestens 3 Wörter mit *s* oder *ß* vorkommen.**

ss oder *ß*? – Achte auf die erste Silbe

Information **Regel für Wörter mit s-Laut (Teil 2)**

- Man schreibt *ss*, wenn die **1. Silbe** geschlossen ist. Den **s-Laut** spricht man **zischend.**
- Man schreibt *ß*, wenn die **1. Silbe** offen ist und man den **s-Laut zischend** spricht.

Um diese Regeln für den s-Laut anzuwenden, braucht man das zweisilbige Wort.

1 **a Schwinge die sechs Wörter in der Tabelle. Wie sprichst du den s-Laut?** ☐ **zischend** ☐ **summend**
b Kreuze in den beiden letzten Zeilen den entscheidenden Unterschied an.

die Maße, die Flöße, reißen	**die Masse, die Flosse, die Risse**
Die erste Silbe ist ☐ offen / ☐ geschlossen.	Die erste Silbe ist ☐ offen / ☐ geschlossen.
Den s-Laut spricht man ☐ summend / ☐ zischend.	Den s-Laut spricht man ☐ summend / ☐ zischend.

2 **Bei Einsilbern hörst du den Unterschied zwischen *ss* und *ß* nicht.**
a Verlängere die folgenden Wörter. Entscheide: *ss* oder *ß*?
b Trage die Verlängerungswörter richtig in die Tabelle aus Aufgabe 1 ein.

das Fa___ der Strau___ das Ma___ der Fu___ der Sto___ der Ha___ wei___ der Flu___

3 **Zerlege die Wörter im Kasten. Ordne sie wie im Beispiel den Wortfamilien A bis D zu.**

mäßig das Maßband wissenswert der Reißwolf wissbegierig massig der Reißverschluss die Wissenschaft die Maßangabe die Reißzwecke massenhaft die Maßeinheit reißfest der Massenbedarf

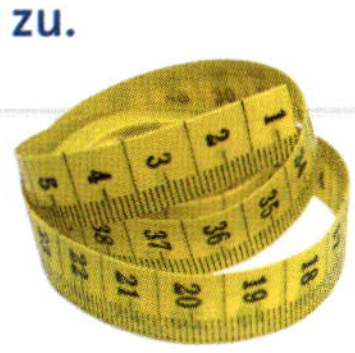

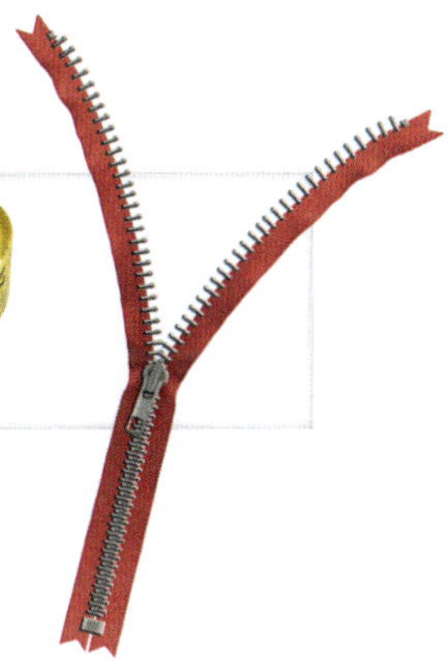

A das Maß: mäß|ig|, ___

B die Masse: ___

C reißen: ___

D wissen: ___

4 **Formuliere einen Satz, in dem mindestens 3 Wörter mit *ss* oder *ß* vorkommen.**

___

ss oder *ß* in einer Wortfamilie – Achte auf die erste Silbe

Information **Wörter mit *ss* und *ß* in einer Wortfamilie**

- In manchen Wortfamilien kann sich die Schreibweise ändern, z. B.:
- *schießen, aber: der Schuss – denn: die Schüs se*
- **Nur durch Schwingen und Verlängern** kann man die Schreibweise ermitteln.

1 **In einer Wortfamilie können die Schreibweisen zwischen Nomen und Verben unterschiedlich sein. Ergänze die Tabelle. Orientiere dich am ersten Beispiel.**

Nomen	Verb im Präsens	Verb im Präteritum	Verb im Perfekt
der Schuss – denn: die Schüsse	*er schießt – denn: wir schießen*	*er schoss – denn: wir schossen*	*er hat geschossen*
der …	*er fließt – denn: wir …*		*er ist …*
das Schloss – denn: die …			
der …		*er riss – denn: wir …*	
der Genuss – denn: die …			*er hat genossen*
			er hat gebissen
der Schluss – denn:			

2 **a** **Setze ein: *ss* oder *ß*?**

A In der Hitze taucht man	damit er gut klingt.
B Ein Ma___band nutzt man,	dem es gefällt, Sü___es zu e___en.
C Im Chor mu___ es Ba___stimmen geben,	um die Länge von Gegenständen zu me___en.
D Ein Sü___schnabel ist jemand,	wie weit das Wa___er pro Sekunde flie___t.
E Bei der Flie___geschwindigkeit des Flu___es mi___t man,	damit es seine Beute rei___en und bei___en kann.
F Das Gebi___ des Raubtiers mu___ in Ordnung sein,	seine Fü___e am besten genu___voll ins Wa___er.

b **Was gehört zusammen? Verbinde mit Pfeilen und schreibe die Sätze A bis F in deinem Heft richtig auf.**

Teste dich!

1 Markiere alle offenen Silben grün.

PUNKTE

der Speisewagen	die Güterzüge	die Lokomotive	das Automobil
die Teufelskralle	der Frauenmantel	die Glockenblume	die Kletterrose
Andreas	Johannes	Marlene	Hannelore

2 Prüfe die Aussagen A bis D. Streiche die beiden falschen Aussagen durch.

PUNKTE

A Ist die erste Silbe geschlossen, spricht man den Vokal kurz.
B Ist die erste Silbe geschlossen, spricht man den Vokal lang.
C Ist die erste Silbe geschlossen, schreibt man an der Silbengrenze einen Konsonanten.
D Ist die erste Silbe geschlossen, schreibt man zwei gleiche oder zwei verschiedene Konsonanten.

3 a In diesen 8 Namen findest du offene Silben mit *i*. Markiere diese offenen Silben grün.

PUNKTE

Argentinien	Brasilien	Trinidad	Nicaragua
Liliane	Frederike	Kristina	Elisabeth

b Formuliere eine Begründung, weshalb diese Namen nicht mit *ie* geschrieben werden.

**4 Ordne die folgenden Wörter richtig in die Tabelle ein.
Verlängere sie dazu und setze ein: *s*, *ss* oder *ß*?**

PUNKTE

hei? das Ei? sü? der Grei? der Flu? das Glei? der Gu? der Bi? bla? das Flo? das Ma? das Gra?

der Besen	besser	größer

5 Zerlege die 9 Wörter und setze ein: *s*, *ss* oder *ß*, z. B.: *die Gras|mücke – die* Gräser

PUNKTE

die Flei__arbeit – ______	der Hei__luftofen – ______	die Ba__gitarre – ______
die Ei__sorten – ______	der Schlo__park – ______	der Nu__knacker – ______
der Wei__dorn – ______	der Schlu__punkt – ______	der Gla__tisch – ______

6 Prüfe deine Lösungen und die Punktzahl mit Hilfe des Lösungsheftes (► S. 27).

GESAMT

Groß- und Kleinschreibung – L wie Luftschiff

Information **Die Großschreibung**

- Groß schreibt man **Nomen** (auch **Namen**), **Überschriften** und **Satzanfänge**.

1 **Während sie seilspringen, sagen zwei Kinder Verse auf.**

a **Markiere in den Versen alle Nomen (auch Namen).**
Tipp: **Die Nomen sind in den Versen fälschlicherweise kleingeschrieben. Nomen kannst du leicht durch verschiedene Proben erkennen (▶ S. 103).**

A, ich heiße agnes,
und mein mann, der heißt alphonse.
Wir kommen aus alabama
und bringen aprikosen mit.

B, ich heiße berta,
und mein mann, der heißt bernhard.
Wir kommen von den bermudas
und bringen bälle mit.

b **Die beiden Strophen sind inhaltlich gleich aufgebaut. Beschreibe, was in den Versen 1 bis 4 jeweils vorkommen muss. Nutze folgende Begriffe: Name, Partnername, Ort, Anfangsbuchstabe, Mitbringsel.**

____

____

c **Zwei andere Kinder erfinden dagegen Unsinnsverse. Vervollständige diese Verse.**

N Ich heiße Nilpferd,
und mein Mann heißt ______________.
Wir kommen aus ______________
und bringen ______________.

2 **Erfinde eine Strophe wie in Aufgabe 1 a, b oder c, die zum Anfangsbuchstaben deines Namens passt.**

____

____

____

____

3 **a** **Suche einen Lernpartner.**
b **Bestimmt Buchstaben und schreibt dazu Verse in euren Heften auf.**
Tipp: **Wer zuerst fertig ist, bekommt je Runde einen Punkt.**

Nomen erkennen – Luftschiffe (Teil 1)

Methode **Nomen durch Proben erkennen**

- **Artikelprobe:** Vor Nomen kann man einen Artikel setzen, z. B.: ***der*** *Baum,* ***die*** *Suppe,* ***das*** *Licht.* Artikel können sich auch „verstecken“, z. B.: *zum (= zu dem), zur (= zu der), beim (= bei dem).*
- **Zählprobe:** Nomen kann man zählen, z. B.: ***vier, einige, viele*** *Bäume.*
- **Adjektivprobe:** Nomen kann man durch Adjektive näher beschreiben, z. B.: *der* ***hohe*** *Baum.*

Sally Nicholls

Wie man unsterblich wird *(Vorlage leicht verändert)*

Sam, die Hauptfigur in dem Roman „Wie man unsterblich wird“, ist ein Fan von Luftschiffen. Er hat über sie recherchiert.

1 Das erste Luftschiff wurde 1784 gebaut, als Jean-Pierre Blanchard einen Ballon mit einer Luftschraube ausrüstete, die mit der Hand betrieben wurde.

2 Das erste richtige Luftschiff wurde 1852 von dem Erfinder Henri Giffard gebaut. Es wurde mit Dampf betrieben.

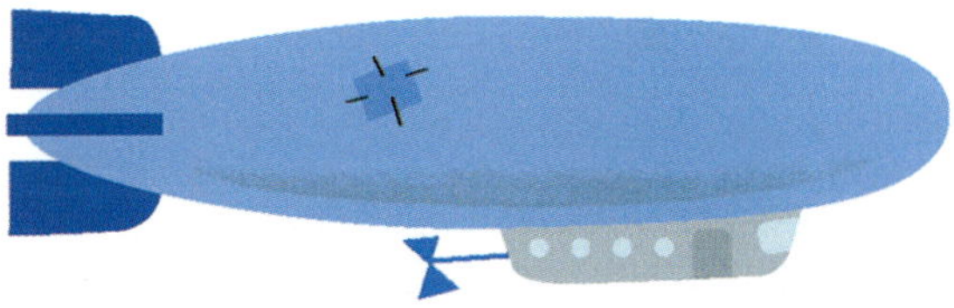

3 Ein Luftschiff gilt als Schiff, nicht als Flugzeug, weswegen man mit einem Luftschiff eigentlich auch nicht fliegt, sondern fährt.

4 Eines der berühmtesten Luftschiffe war die Hindenburg. Sie war so etwas wie ein großes Hotel, das fliegt. 1937 fing sie Feuer und explodierte.

5 Im Weltkrieg begleiteten Luftschiffe ungefähr 89 000 Schiffsverbände mit Lebensmitteln und vielen notwendigen Dingen. Keines der Schiffe wurde je durch Angriffe versenkt.

6 Die Luftschiffe trieben über feindlichen U-Booten dahin und bombardierten sie. Sie waren großartig, weil sie sehr langsam waren und nicht vom Radar entdeckt werden konnten.

7 Luftschiffe taugen nicht besonders zum Angriff. Sie eignen sich besser zur Verteidigung.

8 Ein Skyship 600 (mit dem ich gefahren bin) ist 61 Meter lang und 20,3 Meter hoch. Es hat einen Durchmesser von 19,2 Metern und ein Volumen von 7 188 Kubikmetern.

1 **Stimmt der folgende Satz? Kreuze an: ja ☐ nein ☐.**

Das von Henri Giffard erfundene Luftschiff hieß Hindenburg.

2 **Markiere im Text die Nomen mit dem Strategiezeichen ××.**

3 **Kennzeichne die Begleiter der Nomen wie folgt:**
Unterstreiche Artikel und versteckte Artikel, umrahme Zahlwörter, markiere Adjektive gelb.

4 **Einige Nomen im Text haben keine Begleiter.**
Führe bei mindestens zwei Nomen ohne Begleiter eine der Nomenproben durch.
Arbeite in deinem Heft, z. B.: *Schiff – das Schiff, …*

Nomen erkennen – Luftschiffe (Teil 2)

1 Über Luftschiffe kann man noch viel mehr erfahren.
Lies den Text und berichtige in deinem Heft inhaltlich den folgenden Satz:

Die wenig dichte Bebauung in Städten macht es den Luftschiffen möglich, an Hochhäusern zu ankern.

Informationen über luftschiffe

Heute werden die **luftschiffe** vor allem für die werbung eingesetzt. Aber bis in die ersten **jahrzehnte** des 20. **jahrhunderts** waren die großen **luftschiffe** die **pioniere** des **luftverkehrs.** Mit ihnen konnte man den **atlantik** überqueren und ohne zwischenstopp nach **amerika** kommen. Zwar waren sie mit höchstgeschwindigkeiten von 100 bis 150 km/h langsam, aber dafür konnten sie fast überall landen. Dazu brauchten sie nur einen **ankermast** auf einem freien **feld** und nicht wie die **flugzeuge** große **flughäfen.**

In den 1920er- und 1930er-Jahren wurden in vielen **gebieten** und **städten** hohe **luftschiffmasten** errichtet. Es gab sogar die **idee, luftschiffe** an **wolkenkratzern** anlegen zu lassen. So sollte die **spitze** des 1931 eröffneten Empire State Buildings als **ankermast** dienen und im 86. **stockwerk** sollten die **passagiere** abgefertigt werden. Dabei hatte man vergessen, dass die dichte **bebauung** mit hohen **häusern** wind erzeugt, der es den **luftschiffen** unmöglich machte, in dieser **höhe** anzulegen. Man hätte **wasser** als **ballast** abwerfen müssen, um besser **manövrieren** zu können. Aber das wäre dann in den **straßenschluchten** gelandet. Jedenfalls hat nie ein **luftschiff** an einem **wolkenkratzer** von New York angelegt.

2 a Prüfe, ob es sich bei den hervorgehobenen Wörtern im Text um Nomen handelt.
Markiere die Nomen mit dem Strategiezeichen.
b Unterstreiche Artikel, markiere Adjektive gelb.
c Finde im Text die 5 Nomen, die nicht hervorgehoben worden sind.

3 a Auch im nächsten Text sind alle Nomen kleingeschrieben. Markiere sie mit dem Strategiezeichen.
b Wähle 5 Beispiele. Beweise mit einer der Nomenproben, dass es sich um Nomen handelt. Arbeite im Heft.

„Kopfstand" am Ankermast

Am 25. august 1927 veranstaltete die *USS Los Angeles,* ein luftschiff von über 2000 m länge, ein einzigartiges kunststück in der geschichte der technik. Sie lag am hochmast und schwebte sehr hoch über dem boden. Der wind drehte sie um den ankermast. Durch einen pötzlichen windstoß wurde das heck angehoben und geriet in eine kühlere luftschicht. Der auftrieb des warmen gases im luftschiff führte dazu, dass das heck steil in die höhe stieg. Die mannschaft verlagerte sofort ihr gewicht, aber das half nicht. Das luftschiff stieg auf, bis es steil in die höhe ragte. Nach diesem vorfall ging man vom konzept der hochmasten weg und baute niedrigere konstruktionen. Heute nutzt man fast nur noch bewegliche ankermasten, die auf autos oder schiffen stationiert sind und die man nach bedarf hochfahren kann.

Typische Nomenendungen beachten

Methode **Nomen an Endungen erkennen**

Wörter mit den Endungen ***-heit, -keit, -nis, -schaft, -tum, -ung*** sowie *-**er**, -**in**, -**ei*** sind Nomen, z. B.:
*die Gesund**heit**, Fröhlich**keit**, das Ärger**nis**, die Mann**schaft**, das Eigen**tum**, die Rett**ung**, der Rett**er**, ...*

1 **Schreibe die Wörter aus der Wörterschlange mit ihren Artikeln auf.**
Sortiere sie nach ihren Endungen in die folgenden sechs Spalten ein. Übertrage sie in dein Heft.

Wörter mit *-heit*	Wörter mit *-keit*	Wörter mit *-nis*
...	...	...

Wörter mit *-schaft*	Wörter mit *-tum*	Wörter mit *-ung*
...	...	...

2 **Nomen mit den Endungen *-er*, *-in* und *-ei* haben unterschiedliche Bedeutungen.**
a **Fülle die fehlenden Wörter in der Tabelle aus.**
Tipp: Man schreibt jeweils nur ein *r*.
b **Ordne den drei Tabellenspalten diese Überschriften zu:** ***Ort/Tätigkeit, männliche Form, weibliche Form.***

der Bäcker	die Bäckerin	die Bäckerei
	die Schusterin	
		die Schreinerei
der Fischer		
		die Jägerei
		die Meisterei
		die Reiterei
der Flieger		

Aus Verben und Adjektiven Nomen bilden

1 **Bilde aus den Verben und Adjektiven Nomen.**
Hänge an ein Verb oder Adjektiv einen Baustein an. Schreibe den Artikel hinzu, z. B.: *die Wohnung, die Freiheit.*

Verben		Adjektive		Bausteine
wohnen	ergeben	dunkel	dumm	-heit
zeugen	belohnen	krank	tapfer	-keit
machen	wagen	bereit	pünktlich	-schaft
üben	behandeln	steif	farbig	-tum
erben	darstellen	frei	schwierig	-ung
leiden	verzeichnen	reich	herzlich	-nis

____

____

____

____

____

____

____

2 **Bilde aus den markierten Verben und Adjektiven Nomen. Setze sie wie im ersten Beispiel richtig ein.**

A Im Urlaub **erleben** wir etwas Aufregendes. Das Erlebnis werden wir nicht so schnell vergessen.

B In der Flughalle werden die Koffer **abgefertigt.** Diese ______________ dauert nicht lange.

C Das Kind hat die Schmerzen **tapfer** ertragen, als es **behandelt** wurde. Danach wurde es **belohnt.**

Das Kind ertrug seine Schmerzen mit großer ______________.

Nach der ______________ bekam es eine ______________.

D Wenn es **dunkel** ist, fürchte ich mich. In der ______________ fürchte ich mich.

E Es ist bestimmt schön, **reich** zu sein, aber der ______________ allein ist nicht schön.

VORSICHT FEHLER!

3 **Korrigiere die folgenden falsch gebildeten Nomen. Füge die richtigen Bausteine an.**

die Schönung	________	die Pünktlichheit	________	die Frechkeit	________
das Erlebschaft	________	die Vergebnis	________	die Dunkeltum	________
die Dummkeit	________	die Wildkeit	________	*oder* die	________

Teste dich!

Groß-oder Kleinschreibung?

1 **a Kreuze alle Wörter an, die Nomen sind und fälschlicherweise kleingeschrieben wurden.**
b Schreibe die Nomen mit Artikeln in dein Heft. Beachte die Großschreibung.

PUNKTE ☐

butter ☐	bitter ☐	bestellung ☐	schnelligkeit ☐
hummel ☐	himmel ☐	immer ☐	winzigkeit ☐
zeitung ☐	kleidung ☐	neidisch ☐	vergesslichkeit ☐

2 **Bilde aus den nachstehenden Wörtern Nomen. Hänge eine typische Nomenendung an.**

PUNKTE ☐

finster – ________________	freundlich – ________________
bitter – ________________	geschlossen – ________________
tapfer – ________________	gemein – ________________
offen – ________________	wild – ________________

3 **a Markiere im Text alle Wörter, die Nomen sind und fälschlicherweise kleingeschrieben wurden.**
b Schreibe die Nomen mit dem Beweiswort aus einer der Nomenproben auf.

PUNKTE ☐

Der traum vom fliegen ist so alt wie die menschheit selbst.

____

Graf von Zeppelin entwarf luftschiffe, um dem traum vom fliegen näherzukommen. Im april 1899 wurde mit

____

dem bau eines zeppelins begonnen, und am 2. juli 1900 war es dann endlich so weit: Das luftschiff stieg zum

____

ersten mal in die luft und blieb dort für 18 minuten!

____

Für den eigentlichen durchbruch der zeppelin-luftschiffe sorgte allerdings erst die große „zeppelin-katastrophe".

____

Das luftschiff LZ 4 sollte am 4. und 5. august 1908 für 24 stunden seine fahrtüchtigkeit beweisen.

____

Es war noch am boden verankert, als plötzlich ein unwetter aufkam und es zerstörte: Es brannte völlig aus.

____

Der graf war ruiniert. Doch er bekam mehr als 6 millionen mark an spenden, um die luftschiffidee zu retten.

____

4 **Prüfe deine Lösungen und die Punktzahl mit Hilfe des Lösungsheftes (▶ S. 29).**

PUNKTE ☐

Ich teste meinen Lernstand

Mit den folgenden Tests kannst du feststellen, wie erfolgreich du im Fach Deutsch gelernt hast.
Du kannst mit den Tests prüfen,

- wie gut du **Sachtexte lesen und verstehen** kannst (Test A),
- wie sicher du in der **Grammatik** bist (Test B),
- welche **Rechtschreibstrategien** du beherrschst (Test C),
- wie geschickt du **eine Grafik in einem Sachtext beschreiben** kannst (Test D).

Wenn du wissen willst, was du im Fach Deutsch gelernt hast, kannst du alle Tests am Ende des Schuljahres bearbeiten. Aber auch während des Schuljahres kannst du prüfen, in welchen Bereichen du weiter üben musst. Plane feste Zeiten ein, um einen Test zu bearbeiten. Lies die Aufgaben genau, arbeite ruhig und gründlich. Zum Schluss kannst du deine Lösungen mit Hilfe des Lösungsheftes selbst kontrollieren, deine Punktzahl berechnen und deine Fähigkeiten bewerten.

Test A – Sachtexte lesen und verstehen

1 **Worum geht es in dem nachstehenden Sachtext?**
Lies ihn und kreuze an, welcher Satz das Thema des Textes am besten zusammenfasst.

PUNKTE ☐

A	In dem Text geht es um die ersten menschenähnlichen Roboter, die auch Gefühle zeigen und mit Menschen reden können.	☐
B	In dem Text geht es um Roboter, die in dem Film „Star Wars“ mitgespielt haben.	☐
C	In dem Text geht es um das mögliche Aussehen und die Tätigkeiten von Robotern, die uns in Zukunft das Leben erleichtern könnten.	☐
D	In dem Text geht es um Roboter für Filmproduktionen.	☐

Magdalena Hamm

Mein Freund, der Roboter?

❶ Ob Staub saugen oder Getränke bringen: Es gibt immer mehr Maschinen, die uns Arbeit abnehmen. Forscher interessiert, wie solche Roboter aussehen müssen, damit wir sie gern benutzen.

❷ Der Roboter R2D2 aus den Star-Wars-Filmen hat kein Gesicht, nur ein einzelnes rundes Kameraauge, das er in alle Richtungen bewegen kann. Er hat keine Arme und keine Beine, sondern sieht aus wie eine kleine Tonne auf Rollen. Auch sprechen kann R2D2 nicht, stattdessen gibt er Pfeiftöne von sich und flackert mit einer Lampe. Äußerlich sieht der kleine Roboter einem Menschen also überhaupt nicht ähnlich. Und doch hat man als Zuschauer den Eindruck, dass die Maschine lebt und Gefühle hat. „Das kommt vor allem daher, dass sich R2D2 in den Filmen menschenähnlich verhält“, sagt Frank Hegel. Er arbeitet an der Universität Bielefeld und beschäftigt sich damit, wie Roboter aussehen und was sie können müssen, damit wir Menschen sie in unserer Nähe akzeptieren.

❸ Denn einen Roboter wie R2D2 gibt es nur im Film. Maschinen haben keine Gefühle – werden sie nie haben. Alles, was die Geräte können, wird ihnen von uns Menschen einprogrammiert. Denn Roboter sollen uns Arbeit abnehmen. Es gibt zum Beispiel schon heute welche, die Staub saugen, die uns Getränke bringen, ja sogar welche, die vor Klassen stehen und, von Lehrern ferngesteuert, unterrichten […].

❹ Das kann aber nur gelingen, wenn wir Menschen uns mit den Maschinen nicht unwohl fühlen. Und das hängt stark davon ab, wie Roboter aussehen, haben Frank Hegel und seine Kollegen an der Universität Bielefeld herausgefunden. Wichtig sei zum Beispiel, dass die Geräte keine scharfen Kanten hätten, denn runde Formen wirken freundlicher. Entscheidend sei zudem die Größe: „Wenn ein Roboter kleiner ist als ein Mensch, haben wir das Gefühl, ihn kontrollieren zu können", sagt Hegel. „Ist der Roboter größer, dann wirkt er schnell bedrohlich." [...]

❺ Bisher gibt es aber keinen Roboter, mit dem man ein sinnvolles Gespräch führen könnte. Und selbst wenn irgendwann Exemplare herumlaufen, die Gesichtsausdrücke nachahmen, [...] bleiben die Gefühle [...] künstlich. Dass wir irgendwann einmal Spielkameraden haben werden, die wie R2D2 sind [...], ist eher unwahrscheinlich. Und die wichtigere Frage ist ohnehin: Warum sollten wir Maschinen zum Freund haben wollen?

2 **Prüfe, ob du alle Begriffe verstehst, die im Text unterstrichen sind. Ordne den Begriffen A bis E die passende Worterklärung 1 bis 5 zu. Ziehe Verbindungslinien.**

PUNKTE

A „flackern" (Z. 12–13)		1 in einen Computer Software bzw. einen Ablaufplan einspeichern
B „akzeptieren" (Z. 23)		2 schaffen; zu einem positiven Ergebnis kommen
C „einprogrammieren" (Z. 27–28)		3 mit Hilfe von Funk lenken
D „ferngesteuert" (Z. 31–32)		4 unruhig brennen oder leuchten
E „gelingen" (Z. 33)		5 annehmen; dulden, billigen; zulassen

3 **Kreuze an, welche der folgenden Aussagen mit dem Text übereinstimmen oder falsch sind.**

PUNKTE

	richtig	falsch
A Mit manchen Robotern kann man bereits Gespräche führen.	☐	☐
B Immer mehr Roboter nehmen uns Arbeit ab.	☐	☐
C Das Aussehen der Roboter entscheidet, ob Menschen sie annehmen.	☐	☐
D R2D2 kann Gefühle zeigen.	☐	☐
E In 20 Jahren werden Roboter überall Spielkameraden sein.	☐	☐
F In Asien ersetzen Roboter alle menschlichen Lehrer.	☐	☐

4 **Welche Zwischenüberschrift passt zu welchem Textabschnitt? Trage die richtigen Nummern ein.**

PUNKTE

A Gefühllose Arbeiter, ferngesteuerte Lehrer	Nr.
B Klein und rund gefällt	Nr.
C Ein Roboter als Filmheld	Nr.
D Einen Roboter zum Freund?	Nr.
E Was Forscher an Robotern interessiert	Nr.

5 **a** **Prüfe deine Lösungen mit Hilfe des Lösungsheftes (▶ S. 30). Trage die Punke neben die Aufgaben ein.**

b **Übe erneut die Aufgaben, bei denen du keine oder nur wenige Punkte erreicht hast.**

GESAMT

Test B – Grammatik

1 Die farbig markierten Pronomen in den Sätzen A bis C stehen für Nomen im Abschnitt 2 des Textes (► S. 108).

a Lies Textabschnitt 2. Schreibe in die Klammern das gesuchte Nomen mit Artikel.

PUNKTE

A Er hat keine große Ähnlichkeit mit einem Menschen (der ______________________).

B Diese gibt der Roboter von sich (______________________).

C Der Roboter kann es in alle Richtungen bewegen (______________________).

D Mit dieser flackert der Roboter (______________________).

b Bestimme die Art des Pronomens in den Sätzen A bis D und ergänze die folgende Tabelle.

PUNKTE

c In welchem Fall (Kasus) stehen die Pronomen jeweils? Kreuze an.

PUNKTE

	Art des Pronomens	Nominativ	Akkusativ	Dativ
Satz A				
Satz B				
Satz C				
Satz D				

2 Betrachte das Foto vom Roboter R2D2 auf S. 108. Ergänze in der Beschreibung passende Präpositionen.

PUNKTE

R2D2 sieht aus wie eine kleine Tonne, die sich __________ Rollen fortbewegt. __________ der Vorderseite des „Kopfes" ist ein Kameraauge angebracht. __________ dem Kopf befinden sich __________ der Vorderseite drei dunkle Streifen. __________ diesen Streifen kann man zwei Lautsprecher erkennen.

3 Bestimme die Zeitform der Verben. Unterstreiche farbig: Präsens grün, Präteritum gelb, Futur schwarz.

PUNKTE

(1) In den USA entwickelten Wissenschaftler einen besonderen Roboter.

(2) Seine spezielle Technik wird man vermutlich auch bald bei anderen Maschinen einsetzen.

(3) Das Besondere: „Der Roboter sieht aus wie eine Qualle und ändert seine Körperform, wenn er sich bewegt."

4 a Notiere Satz (1) des Textes in Aufgabe 3 in einer geänderten Satzgliedstellung. Schreibe ins Heft.

PUNKTE

b Bezeichne die Satzglieder.
Notiere: Subjekt (S), Prädikat (P), Akkusativobjekt (A), adverbiale Bestimmung (AB).

PUNKTE

5 a Prüfe deine Lösungen mit Hilfe des Lösungsheftes (► S. 30). Trage die Punke neben die Aufgaben ein.

b Übe erneut die Aufgaben, bei denen du keine oder nur wenige Punkte erreicht hast.

GESAMT

Test C – Rechtschreibung

1 **Finde in den Abschnitten 1 und 2 des Textes (► S. 108) 7 Wörter, die am Wortende unklar sind. Schreibe sie mit ihrer Verlängerungsform auf.**

PUNKTE

2 **Im Abschnitt 2 des Textes (► S. 108) gibt es 2 Wörter mit 5 Silben. Notiere sie.**

PUNKTE

3 **Im Abschnitt 3 des Textes (► S. 108) gibt es mindestens 6 Nomen, die keinen Begleiter haben. Finde sie und beweise durch eine der Nomenproben, dass es sich um Nomen handelt.**

PUNKTE

4 **a Suche im Text (► S. 108) 3 Wörter mit *ä* oder *äu* und begründe ihre Schreibweise.**

PUNKTE

b Finde ein Wort mit *ä*, das du nicht ableiten kannst.

PUNKTE

5 **a Kreuze an: In welchen der folgenden Wörter aus dem Text finden sich Verlängerungsstellen?**

b Markiere die unklare Stelle und schreibe das Verlängerungswort darunter.

PUNKTE

☐ Kameraauge ☐ bedrohlich ☐ freundlich ☐ Roboter ☐ sinnvoll ☐ herumlaufen

6 **Markiere in diesen Sätzen die Wörter mit *h*, die man sich merken muss.**

PUNKTE

Zu den Nachteilen von Robotern zählt: Man kann keine Gespräche mit ihnen führen; sie brauchen nur Befehle. Sie können Menschen zwar nachahmen, aber nicht selber fühlen. Wahre Freunde werden sie nicht.

7 **a Prüfe deine Lösungen mit Hilfe des Lösungsheftes (► S. 30–31). Trage die Punke neben die Aufgaben ein.**
b Übe erneut die Aufgaben, bei denen du keine oder nur wenige Punkte erreicht hast.

GESAMT

Test D – Eine Grafik in einem Sachtext beschreiben

Roboter als Kollegen

Länder, in denen Roboter (bis Ende 2009) eingesetzt wurden:

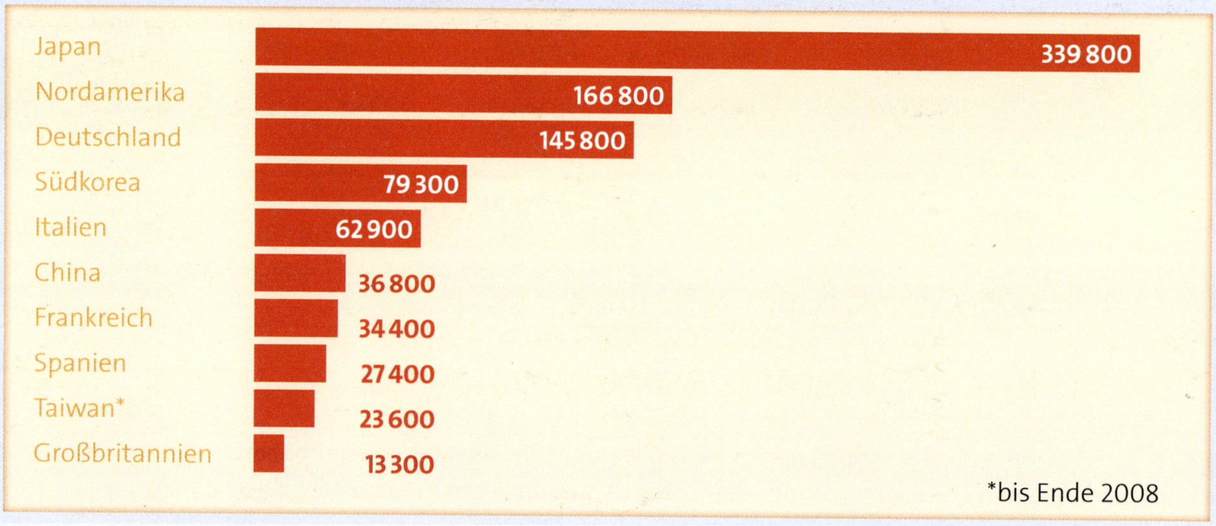

1 Für die Schülerzeitung soll die abgebildete Grafik näher beschrieben werden. Bereite deinen Text so vor:

a Prüfe dein Verständnis der Grafik: Welche Aussage trifft am ehesten auf die Grafik zu? Kreuze an:

PUNKTE

A Die Grafik zeigt, wie sich Mensch und Roboter unterhalten.	☐
B Die Grafik zeigt, dass Länder in Europa viele Roboter zur Arbeit einsetzen.	☐
C Die Grafik zeigt, wie viele Roboter in wichtigen Industrieländern zur Arbeit eingesetzt werden.	☐
D Die Grafik zeigt die Zahl der Roboter, die in wichtigen Industrieländern verschrottet wurden.	☐

b Ergänze den Lückentext mit den passenden Angaben aus der Grafik.

PUNKTE

Die Grafik zeigt die Zahl der Roboter, die bis Ende 2009 weltweit in verschiedenen Ländern eingesetzt wurden.

Das Land mit den meisten Robotern ist ______________________. An ______________________ Position folgt Nordamerika mit insgesamt ______________________ Robotern. Deutschland belegt in der Rangfolge den ______________ Platz. Der Unterschied zu Nordamerika beträgt ______________________ Roboter. Unter den zehn aufgeführten Ländern befinden sich ______________ Länder aus Europa. Vier Staaten wie Japan, Südkorea, China und ______________________ des Kontinents ______________________ befinden sich auch unter den führenden Nationen, die Roboter als „Kollegen" in Firmen arbeiten lassen.

Das Schlusslicht der Tabelle ist ____.

2 a Prüfe deine Lösungen mit Hilfe des Lösungsheftes (▶ S. 31). Trage die Punke neben die Aufgaben ein.

b Übe erneut die Aufgaben, bei denen du keine oder nur wenige Punkte erreicht hast.

GESAMT